레프 똘스또이 단편집
첫걸음

뿌쉬낀의
서 재
001

레프 똘스또이 단편집

첫걸음

레프 똘스또이 지음 | 석영중, 김종민 옮김

뿌쉬낀하우스

일러두기

▨ 러시아어 고유명사의 표기에 있어 표준 러시아어의 원 발음에 최대한 가깝게 표기하는 것을 원칙으로 하되, 한국어 어문 규정의 외래어 표기법과 원 단어의 철자를 유추할 수 있는 표기법을 절충하여 적는다. 기본적인 규칙은 다음과 같다.

1) 원 발음에 충실하여 경음의 사용을 원칙으로 한다.
   예 : Москва(Moskva) 모스끄바

2) 모음의 경우 강세에 따른 발음 변화는 표기하지 않는다.
   예 : Москва(Moskva) 모스끄바 (원 발음은 '마스끄바')

3) 표준국어대사전에 등재되어 관용적으로 사용되는 지명 및 인명 가운데 일부는 등재된 표기에 준한다.
   예 : Крым(Krym) 크림반도 (원어: '끄림'), Сибирь(Sibir') 시베리아 (원어: '씨비리')

4) 구개음화가 일어나는 경우 원 발음에 준한다.
   예 : Петербург(Peterburg) 뻬쩨르부르그, Володя(Volodja) 볼로쟈

5) 연음화가 일어나지 않는 고유명사 및 외래어는 원 발음에 준한다.
   예 : Пастернак(Pasternak) 빠스떼르낙(시인의 이름), интернет(internet) 인떼르네뜨

6) 모음 ы는 국어의 '의'와는 달리 항상 자음 뒤에 사용되어 대부분의 경우 국어에서 쓰지 않는 표기 조합을 만들어내므로 모두 '으이'로 풀어 쓴다.
   예 : Солженицын(Solzhenitsyn) 솔줴니쯔인(작가의 이름, 원 발음은 '솔줴니쯘')

알파벳별 구체적인 표기법은 출판사 홈페이지(www.pushkinhouse.co.kr)를 참조하세요.

\차례

들어가며 · 6

술에 관한 한 마디
술이라는 악마를 선택할 것인가 · 11
Богу или мамоне?

담배에 관한 한 마디
왜 스스로를 마취시키는가 · 27
Для чего люди одурманиваются?

절식과 채식에 관한 한 마디
첫걸음 · 63
Первая ступень

작품 해설 · 127
지은이 소개 · 151
옮긴이 소개 · 153
레프 똘스또이 연보 · 154

■ 들어가며

건강한 정신, 건강한 몸

　러시아의 대문호 똘스또이는 우리에게 『안나 까레니나』, 『전쟁과 평화』 같은 장편 소설과 『바보 이반』, 『사람은 무엇으로 사는가』 같은 교훈적인 우화로 널리 알려져 있습니다. 그러나 똘스또이는 소설 이외에도 여러 가지 다양한 저술을 남겼습니다. 종교에 관한 학문적인 글, 교훈 서적, 예술에 관한 논문, 교육에 관한 글, 어린이를 위한 교본 등등 인간의 삶과 관련하여 그가 손대지 않은 분야는 없다고 해도 과언이 아닙니다. 그는 특히 오십을 넘어서면서부터 소설보다는 독자에게 가르침을 주는 글을 쓰는 데 매진했습니다. 이 책에는 그중에서도 채식주의, 금주, 금연을 가르치기 위해 대문호가 말년에 쓴 세 편의 에세이가 실려 있습니다.

　똘스또이는 우리가 '올바른' 삶을 살기 위해서는 육식을 중단해야 한다고 말합니다. 그리고 또 흡연과 음주 및 온갖 마취성 기호 식품의 사용을 중단해야 한다고 말합니다. 그의 주장은 때로 너무 강하고 억지스럽게 들립니다. 그는 마치 육식이나 흡연이나 음주가 무슨 범죄행위라도 된다는 듯이 격렬하게 비난합니다. 그래서 그의 글을 읽다 보면 조금 짜증이 나기도 하고 어이가 없어질 때도 있습니다. 그러나 한편으로 천재적인 작가가 그토록 강하게 무언가를 주장했다면 어쩌면 조금은 귀 기울여볼 필요가 있지 않을까 하는 생각이 드는 것 또한 사실입니다. 똘스또이의 주장은 오늘날 무슨 의미를 갖는 것일까요? 필자는 똘스또이의 채식주의와 금주, 금연은 웰빙, 해독, 대체 의학 같은 현대의 키워드를 예고해 준다는 데서 그 의의를 찾고 싶습니다.

똘스또이의 에세이는 우리가 육식과 음주와 흡연을 중단해야 하는 이유를 궁극적으로 도덕에서 찾습니다. 다시 말해서, 육식과 담배와 술 같은 '물질'은 도덕이라고 하는 보이지 않는 정신의 영역과 직결된다는 뜻입니다. 똘스또이는 정신의 건강을 몸의 건강과 같은 맥락에서 바라보고자 했습니다. 이 점에서 그는 정신과 신체의 상관성을 토대로 하는 현대의 대체 의학자를 연상시킵니다. 예를 들어, '초프라 웰빙 센터'를 운영하는 저명한 미국의 대체 의학자 디팩 초프라 박사는 『중독보다 강한』, 『더 젊게 오래 사는 법』 등의 저술에서 신체와 정신은 서로 영향을 주고받는 상호 불가분의 관계를 맺고 있으므로 양자 간의 교류가 원활하지 못할 때 온갖 질병이 나타난다고 주장합니다. 그는 신체적으로 건강한 삶과 정신적으로 건강한 삶을 동일하게 바라보면서 이를 위해 신선한 과일과 채소와 곡물의 섭취, 운동, 명상, 술과 담배와 모든 중독성 물질의 사용 중단을 제안합니다. 초프라 박사의 제안은 거의 문자 그대로 똘스또이의 주장을 상기시킵니다.

그러니까 똘스또이의 음식, 술, 담배 등과 관련한 도덕적인 '설교'에 화가 나는 독자라 할지라도 그 설교가 갖는 의학적 의의는 귀담아듣는 것이 좋지 않을까 하는 생각이 듭니다. 사실, 똘스또이의 주장을 관통하는 한 가지 화두는 '절제'입니다. 그가 채식주의를 옹호할 때도 그 모든 주장의 무게가 실리는 곳은 육식 자체의 중단이라기보다는 절제하는 식생활이라 할 수 있습니다. 그는 배가 부른데도 먹는 존재는 오로지 인간밖에 없다고 하면서 탐식과 대식을 비난합니다. 오히려 고기 요리 자체보다는 고기 요리를 포함하는 과도한 식사가 그의 비난 대상이라는 얘기입니다. 초프라 박사 역시 건강한 몸과 마음을 위한 식사의 첫째 조건으로 "배고플 때 먹고 배부르면 그만 먹는다"를 꼽습니다. 마찬가지로 금주와 금연 역시 인간의 절제하는 삶을 위해 필요합니다. 똘스또이는 술과 담배가 사람의 마음을 흐려 놓고,

지성을 마비시키고, 양심을 휘저어 놓기 때문에 사용을 중단해야 한다고 말합니다. 그것들 자체가 문제라기보다는 거기에 빠져 그 중독성 영향하에 노예처럼 휘말리게 되는 인간이 문제라는 것입니다. 이는 현대의 '웰빙'과 관련된 저술에서 신체와 정신을 위한 해독의 첫걸음으로 금주와 금연이 거론되는 것과 같은 맥락이라 할 수 있습니다.

이 세 편의 에세이에서 똘스또이가 주장하는 바와 공감하지 않는 독자라 할지라도 그 강렬한 어조만큼은 대단히 감동적임을 인정하지 않을 수 없을 것입니다. 그는 혹시라도 독자가 자신의 주장을 받아들이지 못할까 봐 걱정이 돼서 그러는지, 한 말을 또 하고 또 합니다. 그리고 단순하게 직설적으로 표현해도 될 대목에서 매우 복잡하게 얽히고설킨 문장을 사용합니다. 그러나 그럼에도 불구하고 그의 문체는 강렬합니다. 압도적입니다. 독자를 자극하는 그의 설교적이고 뒤얽힌 문장들은 어쩌면 노회한 천재 작가의 전략이 아닐까 하는 생각마저 듭니다.

여기 실린 세 편의 에세이는 『하느님이냐 재물이냐』(1895) 『사람들은 왜 스스로를 마취시키는가』(1895), 『첫걸음』(1891)을 번역한 것입니다. 가독성을 높이기 위해 많은 부분을 번안에 가깝게 고쳤으며 제목 또한 조금 더 친숙하게 들리도록 바꿨습니다. 이 에세이들은 우리나라 말로는 이번에 처음 번역되는 것이지만 그동안 세계 여러 나라 언어로 번역이 되어 무수히 많은 채식주의자들에게 영감을 제공해 주었다고 합니다. 몸과 마음의 건강에 관심이 있는 독자들에게 대문호의 글이 조금이라도 도움이 되었으면 하는 바람입니다.

2010년 10월
똘스또이 서거 100주년을 기념하며
석영중

술에 관한 한 마디
술이라는 악마를 선택할 것인가
Богу или мамоне?

가난에 찌든 수백만 가계에 도움을 줄 수도 있을 광대무변하고 비옥한 대지가 환각성 음료인 포도주, 맥주 및 브랜디의 생산을 위한 포도, 보리, 귀리, 감자, 그리고 담배, 대마 등의 재배에 이용되고 있다.

인간에게 유용한 물건을 만드는 일을 할 수도 있을 수백만의 노동자들이 이런 것들의 생산에 종사하고 있다. 영국에서는 모든 노동 인구의 10분의 1이 브랜디와 맥주 제조업에 종사하고 있다는 수치가 나와 있다.

그러면 담배, 포도주, 보드까, 맥주의 생산 및 소비의 결과는 무엇일까?

악마와 내기를 한 어느 수도사에 관한 끔찍한 이야기가 전해진다. 수도사는 악마를 자기 처소 안에 들여놓지 않을 수 있다고 장담했다. 만일 악마를 들여놓게 될 경우 악마가

시키는 것은 무어든 하겠다고 약속했다. 악마는 상처 입은 까마귀로 변신했다. 까마귀는 피가 줄줄 흐르는 날개를 파드닥 파드닥 떨며 수도사의 방문 앞에서 불쌍하게 종종걸음을 쳤다. 수도사는 까마귀가 불쌍해서 방 안에 들여놓았다. 그러자 방 안에 들어온 악마는 수도사에게 살인, 간음, 만취라고 하는 세 가지 죄악 중 하나를 택하라고 했다. 수도사는 만취를 택했다. 취해 보았댔자 자기 자신만이 괴로울 터이니 남한테 해를 입히지는 않으려니 생각한 것이다. 그러나 웬걸. 술기운이 몸 안에 퍼지자 그는 자제력을 상실했다. 그는 읍내로 갔고 거기서 여인의 유혹에 굴복하여 간음을 저질렀다. 그런데 여자의 남편한테 현장을 들키고 말았다. 남편이 그에게 덤벼들자 그는 방어를 하려다가 그만 남편을 죽이고 말았다.

이렇게 옛이야기는 음주의 결과를 보여 준다. 환각성 음료의 결과는 현실에서도 이와 다르지 않다. 맨정신 상태에서 범죄를 저지르는 도둑이나 살인범은 흔치 않다. 법정 기록에 따르면 모든 범죄의 10분의 9는 범죄 주체가 술에 취한 상태에서 저질러진다고 한다. 범죄의 대부분이 술로 인한 것이라는 사실을 증명해 주는 가장 설득력 있는 증거는 아메리카에서 발견된다. 아메리카의 일부 주에서 포도주 및 기타 주류의 판매와 제조를 금지했더니 범죄가 거의 사라졌다는 것이다. 도둑, 강도, 살인이 없어졌고 감옥은 텅텅 비어 버렸다는 것이다.

이상이 환각성 음료 사용의 첫 번째 결과이다.

두 번째로 술이 인간의 건강에 미치는 유해한 작용을 들 수 있다. 술꾼들만 겪는 온갖 괴로운 질병들은 술에서 촉발된 것으로 결국은 술꾼들에게 죽음을 초래한다. 그러나 그것 외에도, 술꾼들은 간단한 질병에서 회복하는 데도 정상인보다 훨씬 시간과 노력을 많이 들여야 한다. 그래서 보험회사들은 생명보험을 체결할 때 언제나 정상인들을 선호한다.

이상이 음주의 두 번째 결과이다.

세 번째의, 그리고 가장 끔찍한 음주의 결과는 술이 인간의 지성과 양심을 흐리게 한다는 사실이다. 술을 마시면 인간은 더 거칠어지고 더 어리석어지고 더 사악해진다.

그렇다면 환각성 음료를 마시는 것에 어떤 이익이 있는가?

아무것도 없다!

보드까, 와인, 맥주 등의 추종자들은 오래전에 이런 주류들이 건강과 힘을 증진시킨다고, 몸을 따뜻하게 하고 기분을 좋게 해준다고, 우리를 설득한 바 있다. 그러나 이제 이는 사실이 아님이 완벽하게 입증되었다. 환각성 음료는 건강을 증진시켜 주지 않는다. 왜냐하면 그것은 알콜이라고 하는 무자비한 독극물을 포함하고 있기 때문이다. 독극물의 사용이 어찌 유해하지 않을 수가 있겠는가.

술이 건강을 증진시켜 주지 않는다는 것은 수차례 입증된 바 있다. 예를 들어 보자. 술꾼 직공과 정상인 직공의 작업 성과를 몇 달 내지 몇 년간 비교해 보았더니 정상인 직공의 작업이 양과 질에서 술꾼 직공의 것보다 우수하다는 결과가 나왔다. 또 이런 예도 있다. 보드까를 지급하는 부대는 출정 시에 보드까를 지급하지 않는 부대보다 더 많은 낙오자와 탈영병을 배출했다.

이와 똑같은 방식으로 다음과 같은 사실, 즉 술은 몸을 훈훈하게 만들지 않는다는 사실이 입증되었다. 술을 마신 직후 느껴지는 후끈한 느낌은 오래 지속되지 않는다. 술꾼은 체온이 곧 상승한 듯한 느낌을 받지만 곧이어 몸이 전보다 더 차갑게 식는다. 그래서 정상인보다 오히려 지속적인 추위를 견디는데 훨씬 더 힘들어한다. 해마다 겨울이면 얼어 죽는 사람들이 속출하는데 얼어 죽는 사람들 대부분은 술로 몸을 덥히려던 사람들이다.

음주에서 오는 즐거운 느낌이 진짜가 아니라는 것, 진짜 '즐거운' 즐거움이 아니라는 것은 입증할 필요조차 없는 사실이다. 술 취한 즐거움이 어떤 것이라는 것쯤은 누구나 다 안다. 경축일에 도시와 시골의 술집을 그저 한번 보는 것만으로 충분하리라. 명절이나 결혼식이나 세례식에서 무슨 일이 벌어지나 한번 보시라. 술 취한 즐거움은 언제나 욕지거리, 싸움, 부상, 온갖 종류의 범죄, 그리고 인간 존엄성의 상실로 끝나게 된다.

술은 인간에게 건강도, 힘도, 따뜻함도, 즐거움도 주지 않는다. 오로지 해악만 줄 뿐이다. 그러므로 제정신이 박힌 합리적인 인간이라면 누구나 술을 멀리하고 술을 권하지 않는 것은 물론, 이 백해무익한 독극물의 일반적인 사용을 즉각 중단하는데 온갖 정열을 다 기울이는 것이 현명한 일일 것이다.

그러나 애석하게도 현실은 그렇지가 않다. 낡은 습관에 젖어서 못 빠져나오는 게 인간이다. 그래서 그런지 이 시대를 사는 많은 선량하고 친절하고 합리적인 사람들이 술을 마시거나 남에게 술을 권하는 일을 중단하지 않고 있다. 아니, 오히려 온갖 열정을 기울여 술을 옹호하고 있는 형편이다. 그들의 말을 들어 보자.

"술이 잘못은 아니야. 술에 취하는 것이 잘못이지. 다윗 왕도 술은 인간의 마음을 북돋워 준다고 했잖아. 그리스도께서도 갈릴래아의 가나에서 포도주를 축성하셨어. 음주라는 게 없다면 정부는 주 수입원을 잃게 되지. 술 없이 명절을 쇠거나 결혼 피로연을 열거나 세례식을 마무리 짓는 것은 있을 수도 없는 일이야. 친한 친구랑 만났을 때, 혹은 계약이나 판

매를 성사시켰을 때는 한잔 안 하고 배겨낼 수 없지."

가난한 노동자는 이렇게 말한다. "이렇게 가난하고 힘든데 한잔 걸치지 않으면 무슨 맛으로 사나."

부자는 이렇게 말한다. "가끔씩 적당히 마신다면 아무한테도 해가 될 일이 없지."

그 옛날 블라지미르 대공은 이렇게 말씀하셨다. "러시아의 기쁨은 술에 있도다."

경박한 인간들은 이렇게 말한다. "내가 술 좀 마신다고 해서 남한테 해를 끼치는 것은 아니야. 해가 된다면 나 자신에게 해가 될 뿐이지. 그렇다면 그건 내 문제 아닌가. 나는 그 누구도 가르치고 싶지 않아. 그리고 그 누구한테서도 가르침을 받고 싶지 않고. 내가 술이란 걸 만들어낸 게 아닌데 내가 그걸 끝장낼 필요는 없지."

이런 식으로 여러 시대의 여러 부류의 술꾼들은 스스로를 합리화시키려 든다. 그러나 이런 합리화가 몇십 년 전이라면 통했을지 모르지만 지금은 어림도 없다. 그때는 사람들이 술이란 것은 무해한 쾌락이라 생각했었다. 술은 건강과 정력 증진에 좋다고 생각했었다. 술이 건강에 치명적인 독극물이란 것은 아직 모를 때였다. 지금은 모두에게 명명백백하게 밝혀진 사실, 즉 만취의 무서운 결과가 그때는 잘 알려져 있지 않았었다. 그러므로 그때는 이런 말을 해도 괜찮았다.

 당시에는 지금처럼 수천, 수백 명의 사람들이 술 마시는 법을 배웠다는 단순한 이유에서, 그리고 술을 끊어 버리지 못했다는 단순한 이유에서, 무서운 고통에 사로잡혀 때 이른 죽음을 맞이하는 일이 없었다. 그러므로 그런 말을 해도 괜찮았다. 다시 말해 우리가 저 가엾은 수천, 수백 명의 여인들과 아이들이 남편이자 아버지가 술 마시는 것을 배운 덕택에 고통당하는 것을 보기 전에는 술이란 무해한 쾌락이란 말을 해도 괜찮았다.

 수천, 수백 명의 범죄자들—즉 술 때문에 타락의 구렁텅이에 떨어진 여자들, 선박 노예들, 유랑민들—이 감옥을 채우는 꼴을 보기 전에는 그런 말을 해도 괜찮았다. 행복한 삶을 살 수도 있었을, 그리고 남들에게 행복을 선사할 수도 있었을 수천, 수백의 사람들이 단순히 이 세상에 술이 존재한다는 이유에서, 그리고 그 술의 유혹에 굴복했다는 이유에서 건강과 이성과 영혼을 망치는 꼴을 보기 전에는 그런 말을 해도 괜찮았다.

 그러나 이제는 음주가 사적인 문제라는 둥, 적당히 마시는 것은 해롭지 않다는 둥, 설교 따위는 하고 싶지도 않고 듣고 싶지도 않다는 둥, 술을 시작한 것은 내가 아니니 내가 끝낼 이유가 없다는 둥, 이런 얘기를 할 수가 없는 것이다. 이런 얘기를 더 이상 해서는 안 되는 것이다. 음주냐 금주냐 하는 것은 이제는 사적인 일이 아니라 공적인 일이 되어 버린 것이다.

이제 전 인류는—그들이 원하건 원치 않건 상관없다—두 진영으로 나뉘어졌다. 한 진영의 사람들은 저 쓸모없는 독극물, 즉 술의 사용에 반대하여 말과 행동으로 투쟁하고 있다. 술은 마시지도 말고 권하지도 말자. 이것이 그들의 모토다. 반대 진영 사람들은 말로써, 그리고 무엇보다도 강력한 무기인 모범을 보임으로써 독극물의 사용을 권장하고 있다. 양 진영의 경쟁은 오늘날 모든 국가에서 벌어지고 있는데 특히 러시아에서는 벌써 20년째 격렬한 양상을 띠며 진행 중이다.

그리스도께서는 우리가 잘 모를 때는 죄란 것을 들먹이지 않으셨다. 그러나 이제 우리는 우리가 술을 마시고 남에게 술을 권할 때 우리가 무슨 일을 저지르고 있는지, 우리가 누구를 섬기고 있는지 잘 알고 있다. 따라서, 음주의 죄악을 아는 우리가 계속해서 술을 마시고 술을 권한다면 변명의 여지가 전혀 없는 것이다.

특별한 날, 명절이니 결혼식이니 기타 등등이니 하는 날에는 음주와 권주를 피하기 어렵다는 말은 하지 마라. 모두들 그렇게 한다는 둥, 우리 아버지며 할아버지들도 다 그렇게 하며 살았다는 둥, 그러니 우리만 괜히 중뿔나게 굴 필요가 있겠냐는 둥, 그런 소리는 하지 마라.

그건 사실이 아니다. 우리 아버지와 할아버지들도 무언가의 결과가 사악하고 해롭다는 것을 알게 되었을 때는 그것을 중단했다. 같은 방식으로 우리는 무엇이 악인지 분명히 알게 되었으므로 악을 중단해야 한다. 술이 오늘날 무서운 악이라는 것은 두말할 필요도 없다.

그러니, 술이 수십만 명의 목숨을 앗아가는 악이라는 것을 아는 내가 명절이나 결혼식이나 세례식에 우리 집에 찾아온 친구에게 어떻게 그것을 권할 수 있단 말인가?

십 년이면 강산도 변한다지만 지금은 좌우간 모든 것이 더 나아졌다. 이 변화는 저절로 생긴 것이 아니다. 이성과 양심이 요구하는 것을 실천한 사람들이 그런 변화를 만들어낸 것이다. 이제 우리의 이성과 양심은 가장 적극적인 방식으로 우리에게 요구하고 있다, 술을 끊으라고, 술을 권하지 말라고.

일반적으로 우리는 술고래들, 그러니까 술집에 가서 코가 삐뚤어지도록 마셔대는 사람들, 필름이 끊어질 때까지 마시는 사람들, 가진 것 다 팔아 마시는 사람들은 비난과 경멸을 받아 마땅하다고 생각한다. 반면, 집에서 마시기 위해 술을 사고, 매일 반주 삼아 한두 잔씩 홀짝거리고, 필요한 경우 손님에게 술을 권하는 사람들은 훌륭하고 존경스러운 사람들, 즉 아무런 해악도 저지르지 않는 사람으로 취급한다. 그러나 이런 사람들이야말로 술주정뱅이보다 더 극심한 비난을 받아야 한다. 술주정뱅이들이 술주정뱅이가 된 것은, 술주정뱅이가 아닌 사람들, 제 몸 간수 잘한 사람들이 그들에게 술 마시는 것을 가르쳤기 때문이다. 그들에게 모범을 보임으로써 술을 마시도록 꼬셔 댔기 때문이다.

주정뱅이들이 만약에 고상하시고 존경스러운 분들이 술을 마시고 술을 권하시는 모습을 보지 않았더라면 술주정뱅이가 되지 않았을 것이다. 술주정뱅이가 아닌 이 존경스러운 분들이 자기 집에서, 혹은 명절이나 결혼식에서 술을 마시고 때때로 술을 권하는 모습을 본다면 그때까지 한번도 술을 입에 대본 적이 없는 젊은이들도 결국 술을 마시고 술맛, 그 알딸딸한 기분을 알게 될 것이다.

그러므로 술을 마시는 사람은, 아무리 절제해서 마신다 해도 결국 엄청난 죄악을 저지르는 것이다. 그리고 술을 권하는 사람은, 아무리 명절 때에만 그런다 해도 결국 엄청난 죄악을 저지르는 것이다. 유혹해서는 안 되는 사람을 유혹하는 셈이다. '이 작은 사람들 중 하나를 유혹하는 자에게 슬픔이 있으라.'

그 다음으로, '우리가 시작한 게 아니니 우리가 끝낼 일은 아니다.'라는 주장을 살펴보자.

 우리 한 사람 한 사람에게 있어서 음주는 더 이상 될 대로 되라는 식의 문제가 아니라는 것을 이해한다면 끝내는 일은 우리의 몫임이 분명해질 것이다. 우리가 술을 한 병 살 때마다, 우리가 술을 한 잔 들이킬 때마다, 우리는 인간이 가진 최고의 힘을 소진케 하는 악마의 사업에 봉사하는 것이다. 반면, 술을 멀리함으로써, 그리고 명절이나 결혼식이나 세례식에서 술을 마시는 저 멍청한 관습을 박멸함으로써 우리는 가장 중요한 사업, 영혼의 사업, 하느님의 사업을 실행하는 것이다. 우리가 이 점을 이해하기가 무섭게 우리는 술 취함을 끝내게 될 것이다.

 그러므로 독자여, 그대가 누구이건 간에-인생의 길에 막 들어선 청년이건, 일가를 이룬 어른이건, 한 가정의 가장이건 아니면 안주인이건 아니면 노인이건-그대가 한 행동에 대해 책임을 져야 할 시간이 다가오고 있다. 당신이 부자이건 가난뱅이이건, 유명한 사람이건 시시한 사람이건, 좌우간 당신은 양다리를 걸칠 수가 없다. 둘 중에 하나를 반드시 택해야만 한다. 음주에 반대를 하든가 아니면 음주에 협조하든가 둘 중의 하나다. 하느님을 섬기든가 술이라는 악마를 섬기든가 둘 중의 하나다.

 당신이 아직 한 번도 술맛을 보지 못한, 즉 술이라고 하는 독극물에 노출된 적이 없는 젊은이라면 당신의 순수함을, 그리고 유혹으로부터의 자유를 소중히 간직하라. 일단 맛을 보게 되면 유혹을 견뎌내기는 훨씬 더 어려워질 것이다. 술을 마시면 즐거워진다는 말을 믿지 마라. 당신의 나이에서 즐거움은 자연스럽고, 선량하고 진정한 즐거움이어야 한다. 술은 당신의 진실되고 순수한 즐거움을 알딸딸하고 무의미하고 사악한 즐거움으로 변질시킨다.

무엇보다도 술을 조심하라. 왜냐하면 당신 나이에서는 다른 유혹을 뿌리치는 것이 더 어렵기 때문이다. 술은 당신 내부에 있는 이성의 힘을 약화시킨다. 당신 나이 때는 온갖 유혹을 물리치기 위해서 그 이성의 힘이라는 것이 가장 필요하다. 일단 한 잔 마시고 나면 당신은 맨정신일 때라면 엄두도 내지 못할 일을 저지르게 될 것이다. 그런 위험에 스스로를 노출시킬 필요가 어디 있겠는가? 당신이 이미 음주 습관에 젖어 버린 성인, 혹은 그런 습관에 막 입문하는 성인이라면 그 무서운 습관에서 벗어날 시간이 아직 있을 때 서둘러 벗어나라. 안 그러면 눈 깜짝할 사이에 술이란 놈은 당신을 휘어잡아 당신은 술 때문에 파멸하는 구제 불능의 술꾼이 되어 버릴 것이다. 그들도 모두 처음에는 당신 같았었다. 당신이 전 생애에 걸쳐 적당히 마실 수 있는 그런 능력을 가지고 있다고 해도, 그리고 당신 자신은 술꾼이 아니라 해도, 당신이 계속 술을 마신다면, 그리고 식사 때에 술을 권한다면, 당신은 어쩜 당신의 막내 동생이나 마누라나 자식들을 술꾼으로 만들어 버릴지도 모른다. 왜냐하면 그들은 어쩌면 당신처럼 절제해서 마실 수 있는 능력을 결여할지도 모르기 때문이다.

그리고 무엇보다도 다음과 같은 사실을 이해하도록 하라. 이제 인생의 절정기에 도달한 당신은 한 집안의 주인이며 다른 식솔들의 운명을 좌지우지하는 입장에 있다. 당신은 식솔들의 삶을 인도해야 하는 책임이 있다. 그러므로 술이 아무런 이익도 가져다주지 않고 반대로 엄청난 해악만 가져온다는 것을 안다면 당신은 아버지나 할아버지가 하던 일-술을 마시고 술을 사고 술을 권하는 일-을 맹목적으로 답습해서는 안될 뿐만 아니라 반드시 음주 습관을 근절하고 다른 이들에게도 금주를 시켜야만 한다.

명절이나 세례식이나 결혼식 때 술 마시는 습관을 없앤다고 해서 사람들을 심하게 모욕하거나 슬프게 할 것이라는 생각은 하지 마라. 이미 여러 지역에서 그런 일이 시작되었다. 술 대신 입맛을 돋게 하는 음식이나 무알콜 음료를 대접하고 있는 것이다. 사람들은 맨 처음에만, 그것도 아주 우매한 사람들만 조금 이상하게 생각했지만 곧 거기 익숙해져서 군소리가 없어졌다.

당신이 만일 얼마 안 있어 하느님 대전에 나아가 그동안 어떻게 하느님을 섬겼는지 심판을 받아야 할 노인이라면 다음과 같은 것을 기억하라. 만일 당신이 철없는 젊은이들에게 당신이 평생 경험해온 술의 끔찍한 죄악에 대해 경고를 하는 대신 술을 마시고 권함으로써 이웃에게 나쁜 모범을 보였다면 당신은 엄청난 죄를 지었다는 것을.

유혹으로 가득 찬 세상은 슬픈 곳이도다! 유혹은 세상에 나타나게 마련이다. 그러나 유혹을 세상에 있게 하는 통로가 되는 사람은 진정 슬픈 존재다.

다음을 이해하자. 술과 관련해서는 중도란 있을 수 없다. 술을 원하든지 원하지 않든지, 둘 중의 하나다. 우리는 둘 중의 하나, 즉 하느님을 섬기든지 술이라는 악마를 섬기든지 둘 중의 하나를 골라야 한다.

담배에 관한 한 마디
왜 스스로를 마취시키는가
Для чего люди одурманиваются?

1

 보드까, 와인, 맥주, 대마초, 아편, 담배처럼 마취시키는 물질들, 그리고 이것들보다는 덜 보편적으로 사용되지만 역시 마취시키는 물질들, 즉 에테르, 모르핀, 마약버섯 같은 것들, 이런 것들이 도대체 왜 필요한 걸까? 어째서 이것들은 생겨났고, 그토록 재빨리 퍼져 나갔고, 그리고 모든 계층의 인간들, 즉 무식한 사람이나 교양 있는 사람을 막론하고 모든 계층의 사람들 사이에서 아직도 퍼져 나가고 있는 걸까? 어디에나 보드까나 와인이나 맥주가 있고, 아편이나 대마초나 마약버섯이나 담배 등이 있다는 것은 무슨 뜻일까?
 어째서 사람들은 스스로를 마취시켜야만 하는 걸까? 길 가는 사람을 붙잡고 어째서 술을 마시기 시작했고, 어째서 아직도 마시고 있느냐고 물어보라. 그러면 그는 대답할 것이다. "왜라니요? 마시면 기분이 좋잖아요. 누구나 다 마시는걸요." 그리고 한마디 덧붙일 것이다. "알딸딸하면 기분이 정말 좋잖아요."

살면서 음주가 좋은 것인지 나쁜 것인지 한번도 생각해본 적이 없는 사람들은 또 이렇게 덧붙일 것이다. "술은 건강에 좋고 정력에도 좋지요."라고. 다시 말해서 그들은 이미 오래 전에 사실이 아닌 것으로 증명된 소리를 뇌까릴 것이다. 흡연자에게 어째서 담배를 피우기 시작했으며 아직도 담배를 피우고 있느냐고 물어보면 그 역시 같은 식으로 대답할 것이다. "왜라니요. 기분 전환이 되니까 피우죠. 모두들 다 피우잖아요."

아편이니 대마초니 모르핀이니 마약버섯이니 하는 것들의 사용자들 역시 그런 식으로 대답할 것이다.

"왜라니요! 기분 전환 좀 하려구요, 기분 좀 좋아지려구요, 다들 그렇게 하니까요."

그러나 '기분 전환을 하거나' '기분 좀 좋아지거나' 하기 위해서, 혹은 '모두들 그렇게 하니까'를 위해서 우리가 할 수 있는 일은 대단히 많다. 손가락을 비비 틀거나 휘파람을 불거나 노래를 부르거나 피리를 불거나 기타 등등을 할 수 있다. 다시 말해서 조상 대대로 물려받은 재산을 탕진하거나 엄청난 기력을 소진하거나 할 필요가 없는 일, 당신 자신과 다른 사람들에게 명명백백한 해를 입히지 않는 일이 얼마든지 있다는 말이다. 그럼에도 불구하고 담배, 술, 대마초, 아편의 생산을 위해서, 수백만 평의 비옥한 대지가 그것을 필요로 하는 농가에게 제공되는 대신 보리니 감자니 대마니 양귀비니 포도니 담배니 하는 것을 경작하는데 사용되고 수백만 명의 노동자가(영국에서는 전체 인구의 8분의 1이) 자신들을 마취시키는 물질을 생산하는데 전 생애를 바치고 있다.

게다가 이런 물질의 사용은 명명백백하게 해롭다. 모두가 알고 있고 모두가 터놓고 얘기한 바 그대로, 그것들은 무시무시한 악을 유발시키는데 그로 인해 죽어간 인명은 역사상의 모든 전쟁과 전염병으로 인해 죽어간 인명을 합친 것보다도 더 많다.

사람들은 이 점을 다 알고 있다. 그러므로 환각성 물질이 기분을 좋게 해주고, 기분 전환을 해주고, 모든 사람들이 다 그렇게 하고 어쩌고 하는 것은 말이 안 된다.

다른 이유가 있다. 당신은 자기 아이들을 무지무지 사랑하고 아이들의 복지를 위해서라면 모든 것을 희생하려는 사람들을 언제 어디서나 만날 수 있다. 그런데 그런 사람들이 굶주림과 고통 속에서 허덕이는 자기 아이들에게 밥을 먹여줄 수 있는 돈, 아니면 적어도 그들을 결핍에서 구해줄 수 있는 돈을 보드까나 와인이나 맥주나 아편이나 대마초나 담배 등에 써버리는 것을 볼 수 있다. 만약 어떤 사람이 자기가 사랑하는 가족을 고통과 결핍 속에 내버려 두든가 아니면 환각성 물질을 자제하든가, 이 둘 중의 하나를 선택해야 하는 입장이라고 하자. 만일 그가 첫 번째를 선택한다면 그가 그렇게 하는 데에는 누구나 그렇게 하기 때문이라든가, 아니면 기분이 좋아서 그렇게 한다든가 하는 것 이외에 매우 심각한 다른 이유가 있는 것이다. 분명 그는 그저 기분을 전환하기 위해서라든가 아니면 즐거움을 위해서 그렇게 한 것이 아니라 그보다 조금 더 중요한 다른 이유 때문에 그렇게 한 것이다.

그 이유란 무얼까. 내가 이해하는 바의 그 이유를 말해 보자. 나는 이 주제에 관해 연구를 했고, 또 다른 사람들을 관찰했으며 특히 술을 마시고 담배를 피우던 시절의 나 자신을 관찰했다. 그 관찰에 따르면 이유는 다음과 같다.

인간에게 의식이 있는 동안 그는 종종 자기 내부에 두 개의 개별적인 존재를 추적할 수 있다. 하나는 맹목적이고 신체적인 존재고 다른 하나는 혜안을 부여받은 정신적인 존재이다. 눈먼 짐승 같은 존재는 먹고 마시고 쉬고 자고 번식하고 태엽 감긴 기계처럼 이리저리 돌아다닌다. 눈을 가진 정신적인 존재는 짐승 같은 존재와 연결되어 있는데 그 자체는 아무것도 하지 않는다. 그것은 다만 살아 있는 존재의 활동을 평가한다. 그 활동이 승인할 만할 때는 동조하고 승인할 만하지 못할 때는 분노하면서 말이다.

이 관찰하는 존재는 나침반의 바늘, 그러니까 한끝은 북쪽을 가리키고 다른 한끝은 정반대인 남쪽을 가리키는 바늘에 비유될 수 있다. 그것은 전체가 유리판으로 보호받으며, 나침반 소유자가 같은 방향으로 갈 경우 보이지 않지만 그가 지정된 방향에서 반대로 방향을 바꾸는 즉시 모습을 드러낸다.

이와 정확하게 같은 방식으로, 정신적인 관찰자, 즉 일반적인 언어로 양심이라 부르는 어떤 것의 현현인 그 존재는 한쪽은 언제나 옳음을 가리키고 다른 한쪽은 그 정반대인 그름을 가리킨다. 그리고 그것은 우리가 주어진 방향에서 벗어날 때까지는, 즉 그른 방향에서 옳은 방향으로 전환할 때까지는 눈에 띄지 않는다. 그러나 정신적인 존재의 의식이 등장하기 위해서는, 즉 동물적인 행위가 양심이 지시하는 방향에서 벗어났음을 보여주기 위해서는, 모종의 행동을 취해야 한다. 뱃사람은 자기가 그른 방향으로 가고 있음을 알면서 노와 엔진과 닻을 계속 조종할 수 없다. 그는 나침반의 바늘이 가리키는 방향으로 가든지 아니면 스스로에게 자신의 탈선을 숨기든지 해야 한다. 바로 그런 식으로, 자신의 양심과 동물적인 행위의 이중성을 의식하는 모든 인간은 그른 행위를 계속할 수 없다. 행위를 양심에 일치시키든지, 아니면 동물적인 삶의 부당함에 관한 양심의 경고를 스스로에게 숨기든지, 둘 중의 하나를 선택해야 한다.

인간의 삶 전체는 다음과 같은 두 가지 행위로만 이루어져 있다고 우리는 말할 수 있다. 1) 자기의 행위를 양심과 조화롭게 하기. 2) 일정한 라이프 스타일을 유지하기 위해 양심이 지시하는 바를 스스로에게 감추기.

어떤 이들은 첫 번째 행위를 취하고 어떤 이들은 두 번째 행동을 취한다. 첫 번째를 성취하기 위해서는 오로지 한 가지 수단밖에 없다. 도덕적인 계몽, 즉 자기 내부에 광명을 보듬어 안고 빛이 내리비치는 곳에 주목하는 일이다. 두 번째(즉 양심의 경고를 스스로에게 감추는 것)를 위해서는 두 가지 방법이 있다. 하나는 외적인 것이고 다른 하나는 내적인 것이다. 외적인 방법이란 주의력을 양심의 훈계로부터 멀리 떼어내는 작업이며 내적인 방법은 양심 자체를 어둡게 하는 일이다.

인간이 자기 눈앞에 있는 물체를 시야에서 가릴 수 있는 방법에는 두 가지가 있다. 첫째, 그보다 더 놀라운 다른 물건으로 시선을 돌리는 외적인 방법과 아예 눈을 감아 버리는 내적인 방법이 그것이다. 마찬가지로, 인간은 양심의 훈계를 스스로에게 두 가지 방식으로 감출 수 있다. 주의력을 온갖 잡일과 소일거리와 오락과 게임으로 분산시키는 외적인 방식과 주의력의 기관을 아예 닫아 버리는 내적인 방식이 그것이다.

매우 무디고 제한적인 도의심을 가진 인간이 자신들의 부정한 생활 태도에 대한 양심의 훈계를 저버리기 위해서는 외적인 기분 전환만으로도 충분한 경우가 많다. 그러나 도덕적으로 예민한 사람에게는 그런 방식은 대체로 불충분하다.

외적인 방법은 삶과 양심의 요구 간의 불협화음으로부터 주의력을 완전히 분산시키지 않는다. 이러한 의식은 살아가는 것을 힘들게 한다. 인간은 살아가기 위해서 양심 자체를 눈멀게 하는 확실한 내면의 방식에 의지한다. 요컨대 자신의 뇌를 마취제로써 중독시키는 것이다.

인생은 양심이 요구하는 대로 그렇게 살아지지만은 않는다. 인간은 자신의 삶을 양심의 요구에 부합하도록 할 수가 없다. 이러한 부조화에 대한 의식으로부터 주의력을 분산시켜 주는 기분 전환거리는 어딘지 부족하거나 아니면 추악하다. 그래서 인간은 부정한 삶에 대한 양심의 경고에도 불구하고 실존을 계속하기 위해서 양심의 경고가 드러나는 기관을 독살함으로써 일시적으로 그것의 행위를 단축시킨다. 그것은 자기가 보고 싶지 않은 것을 보지 않기 위해 의도적으로 두 눈을 질끈 감아 버리는 것과 마찬가지다.

2

 대마초, 아편, 술, 담배의 보편적인 사용을 명하는 것은 취향도 아니고 쾌락도 아니고 방탕도 아니고 즐거움도 아니다. 오로지 인간이 양심의 경고로부터 달아날 필요가 있다는 사실만이 그것을 설명해 준다.

 언젠가 나는 길을 걸어가고 있었다. 마부 두 사람이 입씨름을 하고 있는 것을 들었다. 한 사내가 다른 사내에게 이렇게 말했다. "뻔한 것 아닌가. 맨정신인 사람이 양심적이라는 것은."

 맨정신인 사람이 느끼는 양심의 가책을 술 취한 사람은 느끼지 못한다. 이는 인간이 마취시키는 물질에 의존하는 근본적이고 본질적인 이유를 설명해 준다. 인간은 양심에 위배되는 모종의 일을 저지른 뒤 양심의 가책을 잠재우기 위해서, 혹은 양심에 어긋나지만 인간의 동물적인 본성이 유혹하는 어떤 행위를 저지를 수 있는 상태에 도달하기 위해 그것들에 의존한다.

 맨정신인 사람은 추잡한 여자를 찾아가거나 도둑질을 하거나 사람을 죽이는 일에 대해 양심의 가책을 느낀다. 술 취한 인간에게는 그런 양심의 가책이 없다. 그러니까, 인간이 양심이 허락하지 않는 일을 저지르고자 한다면 자신을 마취시킬 수밖에 없는 것이다.

나는 법정에서 나의 친척 아주머니를 살해한 그 집 요리사의 증언을 듣고 대경실색한 적이 있다. 그자는 여자 친구인 그 집의 식모를 멀리 보내고 결전의 시간이 다가오자 칼을 들고 주인의 침실로 들어갔다. 그런데 정신이 말짱한 동안에는 계획했던 그 일을 저지를 수가 없었다. 이것이야말로 '맨정신인 사람의 양심'이었다. 그는 되돌아가서 이럴 때를 대비해 마련해 두었던 보드까를 두 잔 마셨다. 그러자 비로소 그는 일을 저지를 준비가 되어 일을 저질렀다.

모든 범죄는 십중팔구 그런 식으로 저질러진다. "배짱을 키우기 위해 한잔 걸친다!"

타락한 여자의 과반수는 술의 영향력하에 타락한다. 매음굴을 찾아가는 남자들은 모두 술 취한 상태에서 매음굴을 찾는다. 인간은 양심의 목소리를 잠재울 수 있는 술의 위력을 알고 있으며 그와 같은 목적을 염두에 두고서 술을 마신다.

게다가 인간은 양심을 마비시키기 위해 스스로를 마취시킨다. 술이 어떤 식으로 작용하는지를 알고 있으므로, 다른 사람들로 하여금 그들의 양심에 위배되는 일을 저지르게 할 속셈에서 그들을 고의로 취하게 한다. 인간을 마취시키는 이유는 인간에게서 양심을 제거하기 위해서 그러는 것이다. 전쟁에서 접전이 벌어질 경우 병사들에게는 언제나 술이 주

입된다. 세바스또뽈 습격 당시 모든 프랑스군 병사는 완전히 술에 절어 있었다.

우리는 누구나 양심을 괴롭히는 범죄의 결과로 인해 술꾼이 돼버린 사람들을 알고 있다. 우리는 누구나 부도덕한 삶을 사는 사람들이 그렇지 않은 사람들보다 마취시키는 물질에 더 의존적이라는 것을 증언할 수 있다. 도둑이니 강도니 매춘부니 하는 족속들은 술 없이 사는 법이 없다. 우리는 모두 알고 있으며 또 인정한다. 마취시키는 물질의 사용은 양심의 가책에서 비롯된다는 사실을, 일부 부도덕한 직종에 종사하는 인간들에게 마취시키는 물질은 양심을 죽이기 위해 사용된다는 사실을. 우리는 모두 알고 있으며 또 인정한다. 마취시키는 물질의 사용은 양심을 죽인다는 사실을, 그리고 술 취한 인간은 그가 맨정신이었더라면 결코 저지르지 않았을 죄 때문에 벌을 받는다는 사실을. 모든 사람이 이 점에 관한 한 동의할 것이다.

그러나 정말로 이상하게도, 만약에 마취시키는 물질의 사용의 결과 절도, 살인, 폭행 및 기타 등등 같은 행동이 나타나지 않는다면, 만약에 무서운 범죄와 관계없는 사람들이 마취시키는 물질을 사용한다면, 만약에 이런 물질들이 한꺼번에 다량으로 사용되는 것이 아니라 평상시에 적당량만 사용된다면, 어쩐 일인지 마취시키는 물질은 양심에 영향을 미치지도 않고 양심을 죽이지도 않는 것으로 간주된다.

그리하여 부유한 러시아 사람이 날마다 매 식사 전에 보드까를 한잔 하거나 식사 중에 와인을 한잔 한다면, 그리고 프랑스 사람이 압생트를 한잔 한다면, 영국 사람이 포트 와인과 흑맥주를 한잔 한다면, 독일 사람이 맥주를 한잔 한다면, 그리고 잘사는 중국인이 아편을 한두 모금씩 빤다면, 그런 식의 음주나 흡연은 그저 쾌감을 위한 것일 뿐이며 양심에는 아무런 위해도 가하지 않는다는 것이 당연하게 여겨진다.

사람들이 일상적인 마취 물질의 흡입으로 인해 절도나 살인 같은 일을 저지르지 않고 다만 좀 어리석고 심술궂은 행동을 저지를 뿐이라면 그런 행동들은 그저 우발적인 것일 뿐이며 약물에 의한 것은 아니라고 여겨진다. 흉악한 범죄를 저지르지 않는 한, 허구한 날 스스로를 마취시키는 사람들이 영위하는 삶은 완벽하게 훌륭한 삶이라고 여겨질 것이다. 그들이 스스로를 마취시키지 않았더라도 그들의 삶은 결국 똑같았을 것이라고 여겨진다. 마취시키는 물질을 항시 사용하는 것은 그들의 양심을 어둡게 하지 않는다고 여겨진다.

누구나 술과 담배의 사용이 사람의 성정을 바꿔 놓는다는 것을 안다. (마취시키는 물질의 영향이 없었더라면 부끄럽게 여겨졌을 일들이 더 이상 부끄럽게 여겨지지 않는다는 것도 누구나 경험으로 안다.) 아무리 사소한 것일망정 양심의 가책을 느끼게 되면 마취제에 쏠리게 되고 마취제의 영향하에서는 자신의 삶이나 자신의 입장에 관해 생각하기가 어려워진다는 것도 누구나 알고 있다. 꾸준하게 조금씩 사용하는 마취 물질이 파생시키는 생리적인 효과는 한꺼번에 엄청난 양을 사용할 때 파생되는 생리적인 효과와 같다는 것도 누구나 알고 있다. 그럼에도 불구하고 적당히 마시고 적당히 피우는 사람들은 자기들이 마취시키는 물질을 사용하는 것은 결코 양심을 죽이기 위해서가 아니라 취미와 취향을 만족시키기 위해서라고 생각하는 것이다.

그러나 이제는 좀 더 진지하게, 그리고 냉정하게, 스스로를 변호하는 일 없이 이 문제를 짚어 보아야 한다. 첫째, 만약에 한꺼번에 엄청난 양을 사용할 경우 마취시키는 물질이 양심을 죽게 한다면, 그러한 물질을 꾸준히 조금씩 사용하는 것 역시 같은 효과를 발생시킨다. 왜냐하면 마취시키는 물질은 언제나 생리적으로 똑같이 활동하기 때문이다. 그것들은 적게 흡입되건 많이 흡입되건 언제나 뇌의 활동을 흥분시키고 또 조종한다. 둘째, 만약 마취시키는 물질이 양심을 죽이는 위력을 가지고 있다면 그것들은 언제나 그렇다. 그것들의 영향하에 도둑질과 살인이 행해지고, 발설되지 않아야 할 말이 발설되고, 느끼지 말아야 할 것이 느껴지고,

해서는 안 될 생각이 떠오른다.

셋째, 만약에 도둑과 살인범과 매춘부가 자기네 양심을 묵살하기 위해 마취시키는 물질을 필요로 한다면, 스스로의 양심이 인정하지 않는 직업-그것이 합법적이고, 또 다른 사람들의 눈에는 영예로운 직업처럼 보이더라도-에 종사하는 사람들 역시 그것을 필요로 할 것이다. 한마디로 말해서, 적게 흡입하건 많이 흡입하건, 어쩌다 흡입하건 매일 흡입하건, 상류층에서 흡입하건 하층민들이 흡입하건, 마취시키는 물질은 오직 한 가지 이유, 즉 현실과 양심의 요구 사이의 불화를 무시하고 양심의 목소리를 잠재우기 위해서 사용된다. 이 사실을 어찌 모르는 척할 수 있을까.

3

오로지 이것만이 세상에 만연해 있는 온갖 종류의 마취시키는 물질의 존재 이유인데, 특히 그중에서도 담배는 가장 널리 퍼져 있고 또 가장 위험한 물질이라 할 수 있다.

흔히들 담배는 정신을 새롭게 해주고 맑게 해준다고, 또 다른 모든 습관처럼 그것은 사람을 유혹하되 술처럼 양심을 죽이는 그런 효과는 만들어 내지 않는다고 생각하기 쉽다. 그러나 흡연에 대한 유혹이 일어나는 조건을 한번 주의 깊게 살펴보면 생각이 바뀔 것이다. 담배가 초래하는 마취는 술이 초래하는 마취와 똑같이 양심에 영향을 미치며 인간은 특별히 그러한 목적을 위해 이 형태의 마취제에 의식적으로 의존한다는 것을 확신하게 될 것이다.

만일 담배가 정신을 맑게 하고 인간을 즐겁게 해줄 뿐이라면 그것에 대한 끔찍한 욕구는(특히 어떤 특정한 상황에서) 존재하지 않을 것이다. 밥은 끊어도 담배는 끊을 수 없다는 말도 안 할 것이고, 실제로 음식보다 담배를 더 좋아하는 일도 없을 것이다.

앞에서 언급했던, 주인마님을 살해한 요리사에 따르면, 그가 침실에 들어가 여주인의 목을 베자 여주인은 끔찍한 소리와 함께 나동그라졌고 목에서는 무섭게 피가 솟구쳤다. 요리사는 공포에 휩싸였다.

"저는 일을 끝까지 마칠 수 없었어요. 침실에서 나와 거실로 갔어요. 거기 주저앉아 담배를 한 대 피웠지요."

담배로 스스로를 마취시키고 나서야 그자는 원기를 회복하여 침실로 돌아가 노부인을 완전히 죽이고 물건을 강탈할 수 있었다.

분명한 것은, 그 순간 그가 느낀 흡연 욕구는 정신을 맑게 하거나 즐거운 기분을 느끼려는 욕망에 의해서가 아니라 그가 계획했던 일을 저해하는 어떤 감정을 묵살하려는 필요성에 의해 야기되었다는 사실이다.

모종의 매우 어려운 순간에 그런 식으로 스스로를 담배에 의해 마취시키고자 하는 결정적인 욕구는 모든 흡연자에게 닥치는 일이다. 기억하건대, 내가 흡연자이던 시절, 나는 담배에 대한 특별한 욕구를 체험하곤 했다. 그것은 언제나 내가 기억나는 어떤 것을 기억하고 싶지 않을 때, 무언가를 잊어버리고 싶을 때, 생각을 하고 싶지 않을 때 솟구쳐 올랐다.

나는 혼자 앉아 있다. 나는 아무것도 하지 않는다. 나는 일을 시작해야 한다는 것을 알지만 하기가 싫다. 나는 담배를 피우고 그냥 그렇게 아무것도 안하며 빈둥거린다.

나는 누군가에게 다섯 시에 그의 집을 방문하기로 약속을 했다. 그런데 나는 너무 지체해 버렸다. 나는 내가 늦었다는 것을 기억하지만 그것을 기억하기가 싫어 담배를 피운다. 나는 짜증이 나서 누군가에게 싫은 소리를 한다. 나는 내가 잘못했다는 것을 알고 그러지 말아야 한다는 것을 안다. 그러나 나는 성질을 부린다. 나는 담배를 피우며 계속 화를 낸다.

나는 카드 게임을 하고 있다. 나는 내가 감당할 수 있는 것보다 많이 잃었다. 그래서 나는 담배를 피운다.

나는 스스로를 아주 어색한 상황에 처하게 했다. 나는 무언가를 잘못했다. 나는 실수를 했다. 그것으로부터 도망치려면 내 상황을 인정해야 하는데 나는 그렇게 하기가 싫다. 나는 다른 사람들을 비난하며 담배를 피운다! 나는 글을 쓰고 있는데 내가 쓰고 있는 것이 전혀 마음에 들지 않는다. 나는 그것을 폐기해 버려야 하지만 내가 생각했던 것을 마저 쓰고 싶다. 그래서 나는 담배를 피운다. 나는 무언가에 관해 누군가와 토론을 하고 있다. 나와 상대방은 서로를 이해하지 못하고, 할 수도 없다. 그러나 나는 내 생각을 끝까지 피력하고 싶어 계속 지껄이고 또 담배를 피운다.

담배를 다른 마취시키는 물질과 구별해 주는 독특한 특성은―쉽게 마취시키는 능력 및 외관상 무해하게 보이는 그런 특성은 논외로 치고도―휴대하기 편하다는 점, 즉 여러 소소한 경우에 활용하기가 편리하다는 점이다. 아편, 술, 대마초를 사용하려면 일정한 부속품이 있어야 하는데 가끔은 그것들을 동원하지 못할 때도 있다. 반면에 담배는 담뱃잎과 종이만 있으면 언제라도 피울 수 있다. 아편쟁이나 술꾼은 공포를 유발시키지만 흡연자는 아무런 불쾌한 느낌도 불러일으키지 않는다. 다른 마취제보다 담배가 더 유리한 점은, 아편이나 술이나 대마초에 의한 마취는 꽤 오랜 시간 동안 모든 느낌과 행동에 걸쳐 지속되지만 담배에 의한 마취는 개별적인 상황에 맞추어진다는 점이다.

  당신은 당신이 해서는 안 되는 일을 하고자 한다. 당신은 담배를 피움으로써 해서는 안 되는 일을 하는데 필요한 정도로만 당신 자신을 마취시킬 수 있다. 그리하여 당신은 다시 상쾌해지고, 다시 명료하게 생각하고 명료하게 말할 수 있게 된다. 당신은 해서는 안 되는 일을 했다는 느낌이 들면 다시 담배를 찾는다. 그러면 담배와 더불어 잘못된 혹은 어색한 행위에 대한 불쾌한 의식은 사라져 버리고 당신은 망각과 함께 다른 일에 몰두할 수 있게 된다.

  모든 흡연자들은 습관, 혹은 취미를 위해서가 아니라 행해져야 하는 혹은 이미 행해진 행동에 대한 양심을 죽이기 위해 흡연을 한다. 그러나 그런 점을 논외로 친다 해도 인간의 라이프 스타일과 그의 흡연 욕구 사이에 결정적이고 강력한 상호의존적 관계가 있다는 것은 분명하지 않을까?

  소년들은 언제 담배를 피우기 시작하는가?

  거의 언제나 유년기의 순진함을 잃으면서 담배를 피우기 시작한다.

  어째서 흡연가들은 좀 더 도덕적인 삶을 살기 시작하면서 즉시 흡연을 중단하는가? 그리고 어째서 부도덕한 환경에 접하게 되자마자 다시 흡연을 시작하는가? 어째서 도덕적인 삶을 사는 여성들이 가장 담배를 덜 피우는가? 어째서 매춘부와 미친놈들은 '모두' 담배를 피우는가?

습관은 습관이다. 하지만 분명하게도, 흡연은 양심을 죽이는 일에 직접적으로 관련되며 또 반드시 그 목적을 달성한다. 흡연이 어느 정도로 양심의 목소리를 억누르는가 하는 것은 거의 모든 흡연자들에게서 관찰될 수 있다. 흡연자는 자신의 욕망에 굴복함으로써 사회의 가장 기본적인 요구를 무시한다. 그러니까 그의 양심이 담배에 의해 억눌리지 않는 한 그가 다른 사람들에게 요구하는 사회적인 규범들, 그리고 그가 모든 다른 상황에서 지키는 그런 규범들을 잊어버리거나 무시한다. 제대로 교육을 받은 보통 사람들은 누구나 자신의 쾌락을 위해 다른 이의 안녕과 행복, 그리고 무엇보다도 건강을 방해하는 것은 부적절하고 무례하고 비인간적이라는 것을 잘 인지하고 있다. 그 누구도 사람들이 앉아 있는 방에 물을 끼얹거나 소동을 피우거나 고함을 치거나 차갑거나 뜨겁거나 부패한 공기를 집어넣거나 혹은 다른 사람을 방해하거나 다치게 하는 행동을 하거나 하는 일을 스스로에게 허용하지 않는다. 그러나 흡연자는 백이면 백 모두 담배를 피우지 않는 여성과 아이들이 앉아 있는 방에서 구름 같은 연기를 피우는 일을 조금도 망설이지 않는다. 비록 흡연자들이 옆에 있는 사람에게 "담배 좀 피워도 되겠습니까?"라고 묻는 데에 익숙해져 있다 하더라도 그들은 대부분 "오, 물론이죠."라는 대답이 올 것임을 안다. 실제로 담배를 피우지 않는 사람이 오염된 공기를 들이마시고, 유리잔과 물컵과 접시와 촛대, 그리고 심지어 재떨이에 담긴 저 고약한 냄새를 풍기는 담배꽁초를 보는 것이 전혀 유쾌한 일은 아닌데도 말이다.

성인 비흡연자는 담배를 참아 준다 하더라도 적어도 어린이들에게만큼은(그들에게는 아무도 담배를 피워도 되냐는 허락조차 구하지 않는다.) 절대로 그것이 유쾌할 리도 없고 좋을 리도 없다. 그러나 삶의 다른 모든 부분에서는 인간적이고 존경스러운 사람들이 어린이들 앞에서, 식사 자리에서, 작은 방에서, 담배 연기로 공기를 오염시키면서 담배를 뻑뻑 피워 대면서도 그로 인한 일말의 가책도 느끼지 않는다.

나도 그랬지만, 대부분이 흡연은 지적인 활동에 이바지한다고 말한다. 지적인 활동의 양만 가지고 본다면 확실히 일리가 있는 말이다. 담배를 피느라고 자신의 생각의 무게를 달아보고 그 가치를 따져 보고 하는 일을 중단하면 여러 생각이 갑자기 많이 생겨난다는 느낌이 들 때가 있다. 그러나 사실은 많은 생각들이 떠오르는 것이 절대로 아니고, 오히려 그 생각들이 고삐가 풀려 종잡을 수가 없어진 것이다.

인간이 작업을 할 때 그는 항상 자기 자신 속에 두 명의 존재를 의식한다. 작업하는 존재와 그 작업을 평가하는 존재가 그것이다. 평가가 엄격할수록 작업은 더 느리고 더 훌륭하게 진행된다. 역도 물론 성립한다. 만일 평가하는 존재가 마취제의 영향하에 있다면 작업량은 많아지고 질은 형편없게 될 것이다.

"담배를 피우지 않으면 글을 쓸 수가 없어요. 술을 마시지 않으면 시작한 일을 계속할 수가 없어요." 많이들 이렇게 얘기한다. 나 역시 그렇게 말하곤 했었다. 이게 무슨 뜻인가? 당신은 쓸 것이 아무것도 없든지, 아니면, 당신이 쓰고자 하는 것은 당신 내면의 의식 속에서 충분히 여물지 않은 채 그냥 혼돈스럽게 당신 앞에 나타날 뿐이며 당신 안에 존재하는 평가자가 담배에 마취되지 않은 상태에서 당신에게 그렇게 말하고 있는 것이다. 당신이 담배를 피우지 않는다면 당신은 시작한 일을 잠시 제쳐 놓고 마음속에 품었던 생각이 분명하게 다가올 때까지 기다릴 것이다. 희미하게 나타났던 아이디어를 재고해볼 것이고 가능한 반박을 고려해볼 것이고 모든 주의력을 당신의 생각을 분명히 하는데 쏟아부을 것이다.

그러나 만일 당신이 담배를 피운다면 당신 안의 비평가는 마취가 되어 당신의 작업에 대한 피드백은 제거될 것이다. 당신이 담배로 인해 마취되기 전에는 사소하게 여겨졌던 것이 중요성을 획득한다. 불명료하게 보였던 것이 더 이상 그렇지가 않다. 당신 앞에서 솟아오르는 장애물은 은닉되고 당신은 계속해서 쓴다. 당신은 매우 빠르게 많이 쓴다.

4

흔히 이렇게들 말한다. "그렇지만 잠깐 동안의 간단한 변화, 이를테면 적절한 양의 술이나 담배가 제공하는 약간의 즐거움은 중요한 결과를 낳을 수도 있지 않을까요? 인간이 아편을 피우거나, 대마초를 피우거나, 나자빠져서 정신을 잃을 때까지 술을 마신다면 물론 그런 식으로 스스로를 마취시키는 일의 결과가 매우 심각하다고 할 수 있겠죠. 그러나 술이나 담배로 인한 아주 가벼운 즐거움이 무슨 그렇게 심각한 결과를 초래하겠어요?"

가벼운 도취, 가벼운 의식의 마비는 결코 심각한 효과를 창출하지 않는다고 여겨지기 십상이다. 하지만 그렇게 생각하는 것은, 시계를 돌에 대고 치는 것은 시계에 해롭지만 시계 장치에 장애물을 넣는 것은 하나도 해롭지 않다고 생각하는 것과 마찬가지다.

인간의 삶 전체를 움직이는 주된 동력은 팔이나 다리의

움직임, 즉 물리적인 힘이 아니라 의식에서 생겨난다는 것을 당신은 안다. 인간이 무언가를 그의 팔과 다리로써 완성하고자 한다면 그는 우선 의식 속에서 모종의 변화를 겪어야 한다. 그리고 이 변화야말로 인간이 그 뒤에 하는 모든 행동을 결정한다. 이 변화는 언제나 간결하고 눈에 잘 띄지 않는다. 브륄로프가 언젠가 학생을 위해 연습곡을 수정했다. 변화를 발견한 학생이 말했다.

"선생님은 아주 살짝 연습곡을 건드렸을 뿐인데 완전히 다른 곡이 되었어요."

브륄로프가 대답했다.

"예술은 '아주 살짝'이 시작하는 곳에서 시작된단다."

이러한 관찰은 놀라울 정도로 정확한 것인데, 다만 예술과 관련하여서뿐만 아니라 삶의 전 영역과 관련하여 그렇다. 참된 삶은 '아주 살짝'이 시작하는 지점에서, 아주 살짝 감지할 수 있는, 거의 무한히 작은 변화가 일어나는 지점에서 시작된다고 말할 수 있을 것이다. 거창한 외적 변화가 일어나는 지점, 인간들이 왔다 갔다 하고 서로 밀치고 싸우고 투쟁하는 지점이 아니라 아주 살짝 차별화되는 변화가 이루어지는 곳에서 참된 삶이 만들어진다.

라스꼴니꼬프의 참된 삶은 그가 전당포 노파와 그녀의 여동생을 살해했을 때 완성된 것이 아니다. 그가 노파와 특히 그녀의 여동생을 죽였을 때 그는 자신의 참된 삶을 살고 있었던 것이 아니다. 그는 다만 기계처럼 행동하고 있었을 뿐이다. 도저히 거부할 수 없는 행위를 하면서 오래전에 장전되어 있었던 탄실에서 총탄을 발사하고 있었을 뿐이다. 한 노파는 살해되어 쓰러져 있다. 다른 한 여성은 그의 앞에 있다. 그의 손에는 도끼가 들려 있다.

라스꼴니꼬프의 진정한 삶은 그가 노파의 여동생을 만난 시점에서 진행되고 있었던 것이 아니다. 아니, 그가 노파를 만나기도 전에, 살인의 의도를 품고 타인의 방에 들어서기도 전에, 도끼를 집어 들기도 전에, 도끼를 감추기 위해 코트 안에 올가미를 만들기도 전에, 심지어 그 노파에 관해 생각도 하기 전에 그의 진정한 삶은 이미 진행되고 있었다. 그가 자기 방 소파에 누워 있을 때 그것은 진행되고 있었다. 그때는 노파에 대해서는 생각도 하지 않고 있었으며 심지어 자신이 타인의 의지에 따라 쓸모없고 위험한 어떤 인간을 지구 상에서 없애 버릴 수 있을까 없을까 같은 것은 생각도 하지 않고 있었다. 다만 뻬쩨르부르그에 사는 것이 적절한지 아닌지에 관해, 어머니로부터 돈을 받는 것이 옳은 일인지 아닌지에 관해, 그러니까 노파하고는 아무런 상관도 없는 생각을 하고 있을 때 그의 삶은 진행되고 있었다. 바로 그때, 현실과는 완전히 분리된 동물의 왕국에서 그가 전당포 노파를 죽여야 하는지 죽이지 말아야 하는지가 결정되고 있었던 것이다. 이런 질문들은 그가 노파를 죽이고 그녀의 동생 앞에 도끼를 들고 서있는 그 시점이 아니라 그가 행동하기 전에, 그냥 생각만 하고 있을 때 결정되고 있었다. 이때는 오로지 그의 양심만이 활동하고 있었으며 이 양심 속에서 아주 살짝 감지될 수 있는 변화가 일어나고 있었던 것이다.

어떤 의문을 해결하기 위해 아주 명료한 정신 상태가 필요할 때가 있다. 이때 한 잔의 술, 한 개비의 담배는 결정을 방해할 수 있고, 질문의 방향을 틀 수 있고, 양심의 목소리를 묵살할 수 있고, 라스꼴니꼬프의 경우처럼 질문의 해결을 저급한 동물의 본성에 이로운 방향으로 몰아갈 수 있다.

변화는 거의 감지하기 어려울지 모르지만 거기서 파생되는 결과는 어마어마하고 끔찍한 것이다. 한 인간이 결정을 내리고 행동을 시작할 때 일어나는 일로부터 위대한 물질적 변화가 파생될 수 있다. 집과 재산과 육체가 파괴될 수 있다. 그러나 인간의 양심에 숨겨진 것보다 더 위대한 일은 일어날 수 없다. 일어날 수 있는 일의 한계는 전적으로 양심에 속한 것이다.

그러나 양심의 영역에서 일어나는 아주 살짝 감지되는 변화로부터 완전히 상상을 초월하는, 한계를 넘어서는 결과가 파생될 수 있다.

내가 지금 자유의지라든가 결정론 같은 것과 관련된 얘기를 하고 있다고는 생각하지 말아 주기 바란다.

그런 주제에 관한 토론은 이 글의 목적 혹은 그 어떤 다른 목적을 위해서도 쓸모가 없다. 인간은 자신이 원하는 바대로 행할 수 있는가 아닌가의 문제-내 생각에는 잘못 제기된 문제-는 단정 짓고 싶지 않다. 나는 다만 이렇게 말하고 싶다. 인간의 행위는 양심에서 일어나는 살짝 감지되는 변화에 의해 결정된다고. 그렇다면 당신이 자유의지를 인정하건 말건 그건 매한가지일 것이다. 어쨌거나 인간은 이 거의 감지되지 않는 변화가 나타나는 상태에 특별히 주의를 기울여야 한다. 그건 마치 우리가 물건의 무게를 달 때는 저울의 상태에 각별히 주의를 기울여야 하는 것과 마찬가지다.

우리는 양심이 적절히 활동하는데 필요한 생각의 섬세함과 명료함이 방해받지 않는 상태에 우리 자신과 다른 사람들이 놓이도록 최선을 다해야 한다. 마취시키는 물질을 사용함으로써 양심의 활동을 저해하고 방해하는 일을 하면 그 반대 효과가 나타날 터이니 절대로 그렇게 해서는 안 된다.

인간은 영적인 존재인 동시에 동물적인 존재이다. 인간은 오로지 그의 영적 본성에 영향을 줌으로써만 움직일 수도 있고 오로지 그의 동물적인 본성만 영향을 줌으로써 움직일 수도 있다. 마치 시계가 손으로 움직일 수도 있고 톱니바퀴로 움직일 수도 있는 것과 마찬가지다. 그리고 마치 시계의 움직임을 조종하는 데 가장 편리한 방법은 내부의 기계장치를 사용하는 것이듯이, 인간은-당신 자신이든 혹은 그 누구든-그의 양심에 의해서 인도를 받는 것이 가장 효율적일 것이다. 그리고 시계에서 가장 필수적인 것은 중앙 기계장치가 가장 효율적으로 움직이도록 하는 일이듯이, 인간의 경우에도, 인간을 움직이는데 가장 효율적인 순결과 깨끗한 양심을 지키는 것이 필수적이라 할 수 있다. 이 사실은 너무도 자명하며 인간이라면 누구나 다 알고 있다. 그럼에도 인간은 자신을 마취시킬 필요성을 느낀다. 인간은 양심이 올바로 작동하기를 원하기보다는 자신이 하고 있는 일이 올바르다고 생각하기를 좋아한다. 그래서 그들은 양심의 올바른 작동을 방해하는 물질을 의도적으로 섭취하는 것이다.

5

인간은 원기를 북돋기 위해서도 아니고, 즐거운 분위기를 위해서도 아니고, 쾌락을 위해서도 아니고, 오로지 자기 내부의 양심을 억누르기 위해서 술을 마시고 담배를 피운다. 만일 이것이 사실이라면 그 결과는 얼마나 끔찍할 것인가. 사실, 만일 인간이 담을 쌓는데 필요한 직선의 규칙 대신, 모서리를 사각으로 만드는데 필요한 사각의 규칙 대신, 벽을 삐뚤빼뚤 만드는 부드러운 규칙과 이리 구불 저리 구불하는 모서리의 규칙을 지킨다면 정말이지 얼마나 이상한 건물이 지어질지 한번 생각해 보라!

그런데 자기 마취로 인해 이제는 삶에서 실제로 이런 일이 벌어지고 있는 것이다. 삶은 양심에 적합하지가 않다. 그래서 양심이 삶에 굴복하도록 만들어져야 한다. 이는 개개인의 삶에서도 그렇고 개개인으로 이루어진 인류 전체의 삶에서도 그렇다.

그러한 양심의 마취가 갖는 진정한 의미를 제대로 이해하려면 인간이 살아오면서 인생의 각 단계에서 도달했던 영적 상태를 주의 깊게 되새겨볼 필요가 있다. 인간은 모름지기 인생의 각 시절마다 결정해야 하는 도덕적 질문들과 마주하게 마련이다. 그리고 그의 삶의 모든 행복은 그 결정에 달려 있다. 그러한 결정을 위해서는 엄청난 노력을 들여 주의를 집중해야 한다. 이 엄청난 노력을 수반하는 집중은 노동이라 할 수 있다. 모든 노동에는, 특히 시작 단계에서는, 노동이 어렵고 힘들게 여겨지는 시기가 있다. 그러나 인간의 약

점은 그것을 회피하고자 한다. 육체 노동은 처음에는 고통스럽다. 정신적 노동은 더욱 그렇다.

레싱(Lessing)에 의하면, 인간은 사고하는 것이 어려워질 때 사고하기를 중단할 수 있는 능력을 가지고 있다. 내 생각에는, 사고하는 것이 아주 유익할 때 더욱더 그렇다고 여겨진다. 만약 자기가 당면한 문제의 해결에 아주 힘들고 고통스러운 노동이 필요하다면 인간은 그것을 없애 버리고 싶어 할 것이다. 만일 내적인 마취의 수단이 없다면 그는 자신의 양심으로부터 이 끈질긴 질문들을 몰아낼 수 없을 것이며 어쩔 수 없이 그 질문을 해결해야만 할 것이다.

그런데 이제 그는 그것들이 나타날 때마다 그것들을 몰아낼 수 있는 수단이 무엇인지 알게 되었고 그리하여 그 수단을 사용한다. 해결을 요구하는 의문들이 그를 괴롭히기가 무섭게 그는 그 수단을 사용함으로써 그 기분 나쁜 질문들이 야기하는 불편함에서 벗어난다. 의식은 그 질문의 해결을 더 이상 요구하지 않고 해결되지 않은 질문들은 다음 번 각성의 시기가 올 때까지 해결되지 않은 채로 남아 있게 된다. 그러나 다음 번 각성의 시기가 오면 똑같은 일이 반복된다. 그리고 인간은 도덕적 문제 해결에서 한 걸음도 더 나아가지 못한 채 몇 달씩, 혹은 몇 년씩, 아니면 평생 동안 동일한 도덕적 문제들에 당면하여 살아간다. 그렇지만 삶의 전진은 전적으로 그러한 도덕적 질문들의 해결에 달려 있다.

값비싼 진주를 캐내기 위해 혼탁한 흙탕물의 맨 밑바닥을 보아야 하지만 물 속으로 들어가기는 싫은 사람이 하는 일과 매우 유사한 일이 여기서 발생한다. 그는 흙탕물이 잔잔해지면서 물이 맑아지기가 무섭게 일부러 물을 휘저을 것이다. 그래야 물 속으로 안 들어가도 되니까 말이다. 스스로를 마취시킨 사람은 종종 한평생 동안 내내 언젠가 채택된, 저 똑같은, 불명료하고 모순적인 철학 시스템에 미동도 없이 머물러 있기 일쑤다. 각성의 시간이 다가오면 그는 10년 전, 20년 전에 머리를 박았던 똑같은 벽에다 머리를 박는다. 그리고 그 벽을 통과하는 것이 불가능함을 느낀다. 왜냐하면 그는 그 벽을 깰 수 있는 유일한 수단인 명징한 사고력을 의도적으로 무디게 만들어 놓았기 때문이다. 누구라도 좋다. 그로 하여금 술을 마시고 담배를 피우던 시절을 기억하게 하라. 그리고 다른 사람들한테서도 동일한 점을 확인케 하라. 그는 스스로를 마취시키는 부류와 그러한 습관에서 해방된 부류 사이에 분명한 경계선이 그어져 있음을 보게 될 것이다. 인간이 스스로를 더 많이 마취시키면 마취시킬수록 그는 도덕적으로 더욱 요지부동일 것이다.

6

아편과 대마초가 개개인에게 미치는 효과는 그것들의 상용자 스스로가 밝혔듯이 대단히 끔찍하다. 우리가 다 알고 있듯이, 알콜 남용이 술꾼에게 미치는 효과 또한 대단히 끔찍하다. 그러나 비록 대부분의 사람들, 특히, 소위 말하는 상류층 인사들은 술과 담배를 적당히 흡입하고 그것들을 대체로 무해한 것으로 간주하지만, 술과 담배의 흡입이 사회 전체에 미치는 영향은 개개인에 대한 영향과는 비교도 할 수 없이 끔찍하다.

사회의 주된 행위들—정치적, 공적, 과학적, 문학적, 예술적 행위들—이 주로 비정상적인 상태, 즉 마취된 상태에 있는 인물들에 의해 행해진다는 사실을 우리가 인정한다면 그러한 물질 사용의 결과는 반드시, 그리고 절대적으로 끔찍할 수밖에 없다.

우리의 부유층에 속한 대부분의 사람들이 그러하듯, 어떤 사람이 식사를 할 때마다 알콜이 들어간 각성제를 마시고도 그 다음 날 완벽하게 정상적이고 맑은 정신으로 직장에 가는 것을 우리는 당연시한다. 그러나 그것은 절대적으로 거짓이다. 저녁에 와인 한 병, 보드까 한 잔 혹은 에일 두 잔을 마신 사람은 당연히 두통이나 과도한 흥분에 뒤따르는 우울감에 사로잡히기 마련이며 따라서 지적인 타락의 상태에 있다고 볼 수 있다. 이러한 상태는 흡연에 의해 더욱 악화된다.

매일 조금씩 절제해서 술을 마시거나 담배를 피우는 사람이 자신의 뇌를 정상적인 상태로 되돌리려면 그는 일주일, 혹은 그 이상의 시간 동안 음주와 흡연을 중단해야 하는데 그런 일은 거의 일어나지 않는다.

따라서 이 세상에서 일어나는 일들의 대부분은, 그것이 타인을 인도하고 가르치는 사람들에 의해서건, 아니면 타인에게 인도되고 가르침을 받는 사람들에 의해서건 맨정신이 아닌 상태에서 완수된다고 말할 수 있을 것이다.

이러한 지적을 일종의 익살이나 과장으로 생각하지 말기 바란다. 우리네 생활의 추악함과 무의미함은 무엇보다도 대부분의 사람들이 처한 도취 상태에서 비롯된다. 술에 취하지 않은 사람들이 조용히 이 세상의 모든 일을-그러니까 에펠탑의 건설에서부터 보편적인 병역의 의무에 이르기까지-할 수 있겠는가?

필요성이 전혀 없는데도, 조직이 형성되고, 자본이 모이고, 사람들은 일을 하고, 계산을 하고 계획을 짠다. 수백만의 작업일, 수백만 톤의 철근이 탑을 건설하는데 사용된다. 그리고 수백만의 사람들이 탑에 올라가 잠시 머물다가 내려

오는 것을 자기의 의무라 생각한다. 그러나 탑의 건설과 그 탑의 방문은 사람들에게 그 어떤 비판의 감정도 불러일으키지 않는다. 오로지 더 많은 고층 탑을 건설하려는 의지를 부채질할 뿐이다. 맨정신을 가진 사람들이 그런 일을 할 수 있겠는가?

또 다른 예를 들어 보자. 유럽의 모든 국가들은 수십 년 동안 사람을 죽이는데 가장 좋은 수단을 개발하고 적령기에 이른 청소년들에게 살인하는 방법을 가르치는 데 몰입해 왔다. 야만인의 침입을 걱정해서가 아니다. 이 살육에 대한 준비는 문명화한 그리스도교 국가들이 다른 문명화된 그리스도교 국가를 상대로 행해진다. 누구나 다 알고 있듯이 이는 부담스럽고 고통스럽고 불편하고 소모적이고 부도덕하고 불경하고 무의미하다. 그러나 모두 다 서로를 죽일 궁리만 하고 있다. 일부는 누가 누구와 동맹을 맺고 누가 살육을 당할 것인가에 관한 정치적인 조합을 발명하고 있다. 또 다른 일부는 이 장래의 살인자들을 진두지휘하고 있다. 또 일부는 자신들의 의지에 반하여, 양심의 명령에 반하여, 이성에 반하여 이 살인 준비에 복종하고 있다.

맨정신인 인간이 이럴 수 있겠는가?

오로지 취한 인간만이 맑은 정신의 순간을 모르는 채 그러한 일을 저지를 수 있고, 삶과 양심 간의 그토록 끔찍한 불협화음의 상태 속에서 살아갈 수 있다. 우리 시대의 인간들은 다만 이 점에서뿐만 아니라 모든 점에서 그런 식의 삶을 살고 있다.

인간은 과거 그 어떤 시절에도 이토록 분명하게 양심과 행동이 어긋나는 삶을 산 적이 없다.

인류는 이를테면 무엇인가에 낚여 버린 것만 같다. 모종의 외적인 원인이 인류로 하여금 그 양심에 따라 자연스러운 태도를 취하는 것을 방해하고 있는 듯하다. 이 원인은―유일한 원인은 아닐지 모르지만 어쨌든 주요 원인이다―오늘날 대부분의 사람들이 자진해서 불러오는, 술과 담배에 의한 마취라고 하는 육체적 조건이다.

이러한 무시무시한 악으로부터의 해방은 인류에게 새 시대의 장을 열어줄 것이다. 이 새 시대는 가까이에 와있다. 악은 발각되었다. 마취시키는 물질과 관련하여 이미 양심에서 모종의 변화가 일어났다. 사람들은 그것들의 끔찍한 해악을 인식했고, 콕 집어 밝혀냈다. 양심에서 일어난 이 거의 감지되지 않는 변화는 반드시 인간을 마취시키는 물질로부터 해방시켜줄 것이다. 마취시키는 물질로부터의 해방은 양심의 요구를 향해 인류의 눈을 열어줄 것이며 인류는 양심에 부합하는 삶을 살아가기 시작할 것이다.

이러한 일은 분명 이미 시작되었다. 그리고 늘 그렇듯이 하층민이 이미 대부분 감염된 상황에서 시작은 언제나 상류층이 주도해야 한다.

절식과 채식에 관한 한 마디
첫걸음
Первая ступень

1

 사람이 어떤 일을 함에 있어 그저 남에게 보여 주기 위해서가 아니라 꼭 완수를 하고 싶어 그 일을 하고자 한다면, 그는 분명하게 정해진 순서에 따라 행동을 해야 한다. 만약 일의 본질상 먼저 해야 할 일을 나중에 하거나, 혹은 일을 그저 계속하는 데에만 마음이 쏠려 먼저 했어야 할 일을 안 하고 그냥 넘어간다면 그는 제대로 일을 하고 있는 것이 아니다. 그는 일을 하고 있는 척하고 있을 뿐이다. 이는 물질적인 일과 정신적인 일 모두와 관련하여 항구하게 변치 않는 일종의 원칙과도 같다. 빵이 구워지길 진심으로 바란다면 먼저 밀가루 반죽을 하고 화로를 청소하고 불을 피워야 한다. 마찬가지로, 올바른 삶을 영위하길 바란다면 필요한 자질을 습득하면서 일정한 순서를 밟아야 한다.
 훌륭한 삶을 영위하는데 있어서 이러한 원칙의 준수는 빵을 굽는 물질적인 행위에 있어서와 마찬가지로 매우 중요하다. 왜냐하면 인간이 정말로 진지하게 일을 하고 있는 것인지, 아니면 그저 일을 하는 시늉만 하고 있는 것인지는 행위의 결과로 알 수 있지만, 올바른 삶의 경우에는 그것을 확인할 길이 없기 때문이다. 만약 사람들이 밀가루를 반죽하지도 않고, 불을 피우지도 않은 채, 극장에서 하듯이 빵 굽는 모습만을 연기한다면 결과적으로 빵은 존재하지 않을 것이다. 그러니 누가 보더라도 그들이 빵 굽는 시늉만을 했다는 것은 명백할 것이다. 그러나 어떤 사람이 올바른 삶을 살아가고 있는 척한다면, 우리는 그가 정말로 올바른 삶을 살아가고 있고 또 진정으로 올바른 삶을 추구하고 있는지, 아니면 그냥 그런 척하고 있을 뿐인지를 가려낼 수가 없다. 왜냐하면 그릇된 삶의 결과와는 달리, 올바른 삶의 결과는 주위 사람들에게 즉시 보여지지도 않고, 명백하게 드러나지도 않을 뿐만 아니라, 심지어는 매우 해로운 것으로 간주되기까지 하기 때문이다. 한 인간의 행동에 대한 존경심, 그리고 그 행동이 주위 사람들에게 유익함과 즐거움을 제공한다는 데 대한 인정 등은 그의 삶이 진정 올바르다는 것을 입증해 주지 않는다.

  그러므로 진정 올바른 삶을 단순히 외양만 올바른 삶으로부터 구분하기 위해서는 올바른 삶을 위해 필수적인 자질을 획득함에 있어서의 일정한 순서를 정해 놓는 것이 각별히 중요해진다. 이러한 순서의 확정이 각별히 중요한 이유는 타인 속에서 선을 향한 진정성을 발견하기 위해서가 아니라 우리 속에 있는 진정성을 식별하기 위해서이다. 우리는 타인보다도 스스로를 속이는데 더 이골이 나있기 때문이다.

올바른 자질을 습득하기 위해 정해진 일정한 순서는 올바른 삶을 향해 나아가기 위해 없어서는 안될 조건이다. 그리하여 올바른 자질 습득을 위해 인류의 모든 스승과 교사들이 정해 놓은 행위의 순서는 이제 널리 알려져 확고부동한 것이 되었다.

지상에서부터 하늘까지 올라가는 계단은 모든 도덕적 가르침을 통해서 형성된다고 중국의 금언은 말하고 있다. 이는 낮은 단계부터 차츰 올라가는 것이 당연한 것으로 달리 올라가는 방법이 있을 수 없다는 뜻이다. 바라문교도, 불교도, 유교도의 가르침처럼 그리스 현자賢者들의 가르침 속에도 덕행의 단계는 이미 확고하게 굳어져 있다. 낮은 단계를 거치지 않고서는 높은 단계까지 도달할 수 없는 것이다.

인류의 모든 도덕 교사와 스승들은-종교적이건 아니건-올바른 삶에 없어서는 안 될 자질을 습득하는 데는 일정한 순서가 필요하다는 점을 인정했다. 올바른 삶을 영위하기 위한 덕행 습득의 필요성은 일의 본질로부터 나오기 때문에 모든 사람들의 인정을 받을 수 있어야만 한다.

하지만 놀랍게도 사실은 이와 반대다! 올바른 삶을 위한 기본적인 자질과 행동을 위해 필요한 행위의 순서는 사람들 사이에서 점점 잊혀져 이제는 단지 금욕주의적이고 수도사적인 환경 속에서만 남게 되었다. 그러나 올바른 삶이 가진 지고의 특성을 습득할 수 있고 또 그 필요성을 인식해야 하는 곳은 금욕을 강조하는 그런 곳이 아니다. 오히려 사악한 죄악이 만연한 속세야말로 그 적임지라 할 수 있다. 그리하여 올바른 삶은 어디에 존재하는가에 대한 생각은 오늘날 현실에서 큰 혼란을 겪게 되었고 올바른 삶이 존재한다는 생각 자체마저도 사라져 버리고 말았다.

2

그리스도교와 타종교의 관계는 다음과 같이 설명할 수 있다. 그리스도교는 타종교의 잔재를 청산하면서 타종교보다 더 높은 도덕적 요구를 표방했다. 그리스도교는 그러한 고상한 요구를 내세우면서 다른 한편으로는 타종교의 도덕과 마찬가지로 올바른 삶에 도달하기 위한 덕성과 그 단계를 습득하는데 필요한 일정한 순서를 확립시켰다.

플라톤의 덕행은 자제에서 출발하여 불굴의 정신과 현명함을 통해 정의를 획득했고, 그리스도교의 덕행은 극기에서 출발하여 신의 뜻에 대한 성실한 이행을 통해 사랑을 획득했다.

그리스도교를 진지하게 받아들이고 올바른 그리스도교적 삶을 실천하고자 노력했던 사람들은 그렇게 그리스도교를 이해했다. 그들은 정욕을 다스리기 위해 이미 자신 속에 내재된 타종교적인 절제까지 거부하면서 항상 참된 삶을 살고자 분투했다.

그렇기 때문에 타종교와는 뭔가 다르고, 타종교보다 더 숭고하다고 가르치는 그리스도교는 타종교에 대한 기존 인식을 바꿔 놓았다. 하지만 그리스도교의 가르침도 타종교의 가르침도 모두 인류를 진리와 선으로 이끈다는 점에서는 한가지라 할 수 있다.

진리와 선은 항상 하나이므로 그것에 이르는 길 또한 하나여야 하며, 그 과정에서 내딛게 되는 첫 행보 역시 하나여야 한다는 것은 거부할 수 없는 사실이다. 그리스도교인이건 타종교인이건 마찬가지다.

다만 선에 대한 그리스도교와 타종교의 가르침에는 차이

가 있는데, 타종교는 선에 대해 끝이 있는 유한한 가르침을 강조하는 반면에, 그리스도교는 무한한 완전함을 강조한다. 예를 들어, 플라톤은 완전함의 본보기로서 형평성을 제시하는 반면 그리스도는 본보기로서 무한한 사랑의 완전함을 제시한다. "하늘의 너희 아버지께서 완전하신 것처럼 너희도 완전한 사람이 되어야 한다."[01] 바로 여기에서 덕행의 여러 단계에 대한 타종교와 그리스도교 가르침 간의 차이가 비롯된다.

타종교의 가르침에 의하면 숭고한 덕행을 쌓는 것은 실현 가능한 일이고, 덕행을 쌓기까지의 모든 단계도 개별적이고 상대적인 의미를 갖는다. 숭고한 덕행을 향한 단계가 높아지면 높아질수록 그 가치 또한 커지게 된다. 그래서 타종교적 관점에서 인간은 덕행을 베푸는 사람과 그렇지 못한 사람, 그리고 다소간 덕행을 베푸는 사람 등으로 분류된다. 그러나 무한히 완전한 이상을 표방했던 그리스도교의 가르침에 의하면 이러한 분류는 있을 수 없다. 높은 단계와 낮은 단계도 있을 수 없다. 그리스도교는 무한한 완덕을 추구하므로 끝없는 이상의 희구 속에서 덕행을 향한 모든 단계들은 서로 동등한 것이다.

타종교의 장점은 덕행의 각 단계가 인간에 의해서 도달

---

01 마태오 복음 5:48(역주)

가능하다는 점에 있다. 반면 그리스도교에서는 덕행에의 도달 과정과 정진精進 속도에 초점을 맞춘다.

타종교적 관점에서 보자면, 분별력의 덕행을 겸비한 사람은 도덕적 의미에서 이러한 덕행을 행하지 않은 사람보다 높은 위치에 서게 된다. 불굴의 정신을 가진 사람은 분별력을 지닌 사람보다 더 높은 곳에 자리하고, 분별력과 불굴의 정신을 가진 사람은 정의로운 사람보다 더 높은 곳에 자리한다. 하지만 그리스도교인은 도덕적 의미에서 어느 누구도 다른 사람들보다 높거나 낮다고 간주되지 않는다. 더구나 그리스도교인은 단지 그리스도교인일 뿐이고, 그 사실은 주어진 순간에 그가 처한 단계와는 상관없이 한층 더 빠르게 완덕을 향해 정진할 수 있게 만든다. 따라서 바리사이[02]들의 정진하지 않는 경건함은 십자가에 매달려 회개하는 강도의 정진보다도 더 저급하게 여겨지는 것이다.

하지만 완덕을 향한 정진은 낮은 단계의 덕행 없이는 이뤄질 수 없다. 타종교건 그리스도교건 이 점에서는 차이가 있을 수 없다.

그리스도교인이건 타종교인이건 처음부터 완전한 일을 이

---

02 바리사이(Pharisees). 유대교의 분파 중 모세의 율법과 부활, 영의 존재를 믿은 바리사이파 사람들을 지칭한다. 율법의 세세한 항목까지도 철저히 지키는 것을 중시했는데 이로 말미암아 율법의 형식주의에 치중한다는 비판을 받기도 했다.(역주)

룩할 수는 없다. 이를 위해 타종교인들은 자제심을 출발점으로 삼는다. 이것은 계단을 오르고자 하는 사람이 첫걸음을 옮기지 않고 오를 수는 없는 것과 같은 이치이다.

차이점은 타종교인에게 자제는 그 자체가 덕행으로 여겨지지만, 그리스도교인에게 자제는 완덕을 추구하는데 필요한 조건인 극기의 일부라는 데 있다. 아무튼 그렇기 때문에 진실된 그리스도교는 타종교가 요구했던 덕행을 받아들일 수밖에 없다.

하지만 모든 사람들이 완덕의 추구라는 관점에서 그리스도교를 이해한 것은 아니다. 잘못 이해된 그리스도교는 도덕적인 가르침에 대한 사람들의 진실되고 진지한 태도를 없애 버렸다.

만약 그리스도교에서 말하는 도덕적 가르침의 실천 없이도 구원의 길이 가능하다는 것을 사람들이 믿는다면, 그들은 당연히 자신들의 선해지려는 노력이 불필요하다고 생각할 것이다. 따라서 완덕에 이르려는 개인적인 노력 외에 별도의 구원 수단이 있음을 믿는 사람들은, 개인적인 노력 외에 다른 어떤 수단도 알지 못하는 사람들에게서 볼 수 있는 열성과 진지함을 가지고 정진해 나갈 수 없게 된다. 다시 말해서, 완덕에 이르는 개인적인 노력 외에 다른 구원의 수단이 있다고 믿는 것, 또 그렇기 때문에 완덕을 향한 진지한 노력을 중단하는 것은 다음과 같은 결과를 초래한다. 즉, 올바른 삶을 위해 필요한 올바른 자질을 얻을 수 있는 것은 일정한 순서를 따름으로써만 가능한 일임에도 불구하고 사람들은 이 순서를 무시하게 된다. 이것이 오늘날 대부분의 회개하는 그리스도교인에게서 볼 수 있는 외적인 모습이다.

3

 여러 번 반복해서 말하지만, 완덕에 이르는 데 개인적인 노력이 필요하지 않고, 또 완덕을 위한 다른 수단이 가능하다는 가르침은 올바른 삶을 추구하려는 노력을 현저히 약화시킨다. 그리고 이는 또한 사람들로 하여금 올바른 삶을 위해 필요한 일정한 순서를 무시하도록 만드는 원인이 된다.
 그저 겉으로만 그리스도교를 받아들인 많은 사람들은 마치 그리스도교인들에겐 본능과의 필연적인 싸움으로부터 자기 자신을 해방시킬 필요가 없다는 듯이 행동한다. 그들은 타종교가 요구하는 덕행에서 벗어나고자 타종교를 그리스도교로 교체했을 뿐이다.
 겉치레 믿음에서 벗어난 그리스도교인들도 마찬가지이다.

그들은 겉으로 드러난 외적인 그리스도교 대신에 대다수에 의해 수용된 거짓된 선행을 표방했다. 또한 그들은 학문과 예술, 인류에 봉사한다는 미명하에 올바른 삶을 위해 필요한 자질 습득 시 요구되는 선행의 순서에서 벗어났고, 마치 극장에서 연기하듯이 올바른 삶을 살고 있는 것처럼 가장하는 것으로 만족해하고 있다.

타종교를 버렸으되 그리스도교의 진정한 의미도 모르는 사람들은 극기를 도외시한 채 하느님 사랑과 이웃 사랑을 포교하기 시작했다. 그들은 절제를 도외시한 채 정의를 전도하기 시작했다. 그들은 낮은 단계의 덕행을 수반하지 않는 높은 단계의 덕행을 전도한 것이다. 온전한 덕행 그 자체가 아니라 그와 비슷한 어떤 것을 전파한 것이다.

반복해서 말하는 것이지만, 이는 즉 극기를 도외시한 채 신과 사람들에 대한 사랑을 전도하고, 절제를 도외시한 채 박애정신과 인류에 대한 봉사를 전도한다는 뜻이다.

이런 식의 교리는 오래전부터 타종교인들이 말해 왔던 것으로 기본적인 도덕의 요구로부터 인간을 해방시키는 동시에 인간을 높은 도덕적 영역으로 이끈다는 구실로 인간의 본능을 고무시킨다. 그래서 그리스도교는 이를 반박하기는커녕 오히려 강화했으며 신자도 비신자도 모두 그 교리를 기꺼이 수용했던 것이다.

며칠 전 사회주의에 대한 교황의 회칙이 발표되었다. 그 회칙에서 교황은 소유권의 불법성에 관한 사회주의자들의 견해에 반박한 뒤 다음과 같이 말하고 있다: "그 어느 누구도 자신과 가족에게 필요한 것까지 내어 주면서, 혹은 체면을 손상시켜 가면서까지 이웃을 도와줄 의무는 분명히 없다. 진정 어느 누구도 이에 역행하면서 살아서는 안 된다." 이 회칙은 다음과 같이 계속된다. "궁핍이라던가 체면 같은 것을 주의 깊게 고려해본 뒤, 남는 것을 가난한 이웃에게 주는 것이 모든 사람의 의무이다."

세상에서 가장 널리 공인받는 교회들 중 하나의 수장이 이 같은 설교를 하고 있다. 당신이 필요로 하는 것을 이웃에게 나눠 주라는 것이 아니라, 당신에게 남아도는 것만을 내어 주라는 이기적인 설교와 더불어 사랑도 전도를 하고 있는 것이다. 사랑에 관해 고린도인들에게 보내는 서신을 쓴 사도 바울의 유명한 말씀을 열정적으로 인용하면서 말이다.

복음서의 모든 가르침은 요구 사항들과 지시 사항들로 가득 차있다. 그중에서도 극기는 그리스도교의 완덕에 이르는 첫 번째 조건이라 할 수 있다. 하지만 "자신의 십자가를 지고 가지 않는 자는…", "아버지와 어머니를 부인하지 않는 자는…", "자기 목숨을 버리지 않는 자는…"과 같은 명확한 금언이 있음에도 불구하고 사람들은 자기 자신과 다른 이들을 동시에 사랑하는 것이 가능한 일이라고 단언하고 있다. 자신에게 익숙한 모든 것을, 체면을 유지하기 위해 필요한 최소한의 것까지도 내려놓을 줄 알아야 함에도 말이다.

이런 식으로 교회에 속한 인간들은 말해 왔다. 그리스도교의 외적인 가르침뿐만 아니라 진정한 그리스도교의 가르침까지 거부하는 사람들, 그리고 자유사상가들도 이와 똑같이 생각하고 글을 쓰며 행동하고 있다. 그러니까 이런 인간들은 자신들의 요구 사항을 줄이지도 않고 정욕과 맞서 싸우지도 않으면서 이웃과 인류에 봉사할 수 있다고, 다시 말해 올바른 삶을 영위할 수 있다고, 자신과 남들에게 단언하는 것이다.

이제 사람들은 타종교의 덕행에 요구되는 일정한 순서를 버렸다. 그리스도교의 가르침이 전하는 진정한 의미도, 그리스도교의 덕행에 요구되는 일정한 순서도 모두 저버렸다. 이제 사람들에게는 지침도, 가르침도, 다 없어져 버린 것이다.

4

그리스도교의 가르침이 없었던 옛날에는 소크라테스를

비롯한 모든 스승과 교사들의 삶에 절제가 첫 번째 덕행으로 자리를 잡았었다. 모든 덕행이 절제에서 시작되어야만 했고, 절제를 통해야만 했던 것이다. 자기 자신을 완전히 통제하지 못하는 사람, 내부에 커다란 욕망을 키웠던 사람, 온갖 욕망에 얽매인 사람이 선한 삶을 영위할 수 없는 것은 자명했다. 사심 없는 마음이라든가 정의라든가―관대함, 사랑 같은 것은 더 말할 나위도 없지만―하는 것을 생각하기에 앞서 인간은 우선 자기 자신을 다스려야만 한다는 것은 너무도 자명한 일이었다.

그러나 이제 우리의 생각에 따르자면 이런 것은 아무것도 필요치 않게 되었다. 이 사회에서 얻을 수 있는 가장 높은 단계의 욕망 수준에 오른 인간, 스스로를 휘어잡는 수백의 불필요한 욕구를 만족시키지 않고는 살 수가 없는 인간, 그런 인간들도 철저하게 도덕적이고 올바른 삶을 영위할 수 있다고 우리는 확신하는 것이다. 어떤 시각에서 보건―정의를 요구하는 타종교적이고 실용적인 시각이건, 아니면 사랑을 요구하는 그리스도교적인 시각이건―인간이 자신의 쾌락 없이도 충분히 살 수 있는 그런 쾌락을 만족시키기 위해 타인의 노동을, 종종 타인에게 고통을 초래하는 그런 노동을 이용하는 것은 나쁜 행동이다. 훌륭한 삶을 영위하기 바란다면 그는 그런 행동을 제일 먼저 중단해야 한다. 이러한 사실을 모든 사람들이 인식해야만 한다.

하지만 오늘날에는 욕망을 억제하는 것이 올바른 삶을 위한 최초의 조건도 아니고, 최후의 조건도 아닌, 아예 전적으로 불필요한 조건으로 인식되고 있다.

오늘날 널리 확산된 인생 지침에 따르면, 욕구의 확장은 오히려 바람직한 조건으로, 그러니까, 발전이라든가 문명이라든가 문화라든가 완성이라든가 하는 것의 표상으로 간주된다. 이른바 교양 있는 사람들은 편안함이라는 습관, 즉 사람을 유약하게 만드는 그런 안락함의 습관을 무해할 뿐 아니라 오히려 훌륭한 것이라고, 도덕적 고상함, 즉 덕행을 보여준다고까지 생각한다.

따라서 욕구가 증대될수록, 그리고 그 욕구가 점점 더 세련되어질수록, 더 바람직한 것이라고 그들은 생각한다. 이 점을 가장 잘 보여 주는 것은 지난 두 세기 동안 씌어진 시와 소설이다. 덕행의 이상을 보여 주는 남녀 주인공들은 대체 어떻게 묘사되고 있는가?

차일드 해롤드를 비롯하여 푀이에, 트롤로프, 모파상의 최근 주인공들까지 대부분의 경우 남성들은 숭고하고 고상한 무언가를 제시해야만 했다.

하지만 그들의 본질은 방탕한 식객에 지나지 않았고, 그들은 궁극적으로 아무짝에도 쓸모없는 족속들이었다. 여자들은 어떤 식으로든 남자들에게 향락을 선사하는 정부였고, 역시 아무짝에도 쓸모없는 사치에 탐닉한 족속들이었다.

드물긴 하지만 진정 금욕적이고 부지런한 인물이 묘사된 그런 문학작품에 대해 말하는 것이 아니다. 나는 대다수의 남자들과 여자들이 모방하려고 애썼던 그런 인물 유형에 대해 말하고 있는 것이다. 내 기억에 나는 소설을 쓸 때 무지하게 심한 어려움을 겪어야 했다. 나는 그런 어려움과 싸워 이겨 내야 했다. 막연하고 어렴풋하지만 진실로 도덕적인 미를 갖춘 의식 있는 작가들도 지금 그러한 어려움과 싸우고 있음을 나는 알고 있다. 그들은 훌륭하고 선하고 이상적이며 또한 동시에 세속적이고 현실에 충실한 그런 인물을 묘사하기 위해 부단한 노력을 경주하고 있는 것이다.

5

이 시대 사람들은 타종교의 절제 혹은 그리스도교의 극기가 바람직하고 훌륭하다는 사실을 인정하지 않을 뿐만 아니라 오히려 욕구의 증대를 훌륭하고 고결한 것으로 인식하고 있다는 사실은 이 사회의 아이들 대부분이 받는 교육에 의해 증명된다.

  어른들은 아이들에게 타종교인들이 주장했던 절제를 가르치지 않았고 그리스도교도들이 주장했던 극기 또한 가르치지 않았다. 오히려 의도적으로 아이들의 응석을 받아 주어 인내심의 결여와 육체적인 게으름과 사치만을 심어 주었다.

  나는 오래전부터 다음과 같은 이야기를 쓰고 싶었다.

  한 여자가 누군가에게 모욕을 당했다. 그녀는 복수를 꿈꾸며 그 사람의 아이를 납치했다. 아이를 납치한 후 그녀는 마법사에게 가서 유괴된 아이를 통해 자신의 적에게 사악하게 복수할 수 있는 방법을 가르쳐 달라고 청한다. 마법사는 지정한 장소로 아이를 데려오도록 유괴자에게 지시하면서 최고로 잔인한 복수가 될 것이라 장담한다. 사악한 여자는 이 지시를 따르고 아이를 지켜본다. 하지만 놀랍게도 아이는 자식이 없는 부유한 집안에 양자로 들어가는 것이 아닌가. 이에 놀란 여자는 마법사에게 가서 항의를 하지만 마법사는 기다리라고 명령한다. 아이는 사치와 응석이 그대로 통하는 그런 환경 속에서 자라나 유약하기 짝이 없는 존재가 되어 간다. 사악한 여자는 의심하지만 마법사는 그저 기다리라고 명령할 뿐이다. 그리고 정말 사악한 여자가 충분히 만족하게 되고 심지어 자신이 희생양으로 삼은 그 아이에 대해 불쌍한 감정마저 느끼게 되는 그러한 순간이 도래한다.

아이는 응석받이로 자란 탓에 유약하고 방종하고 의지박약한 인간으로 성장하며 바로 그런 성격 때문에 파멸한다.

그리고 이때부터 일련의 물리적 고통이 시작된다. 그에게 특히 민감한 문제이자 동시에 그가 맞서 싸울 수 없는 극도의 가난과 모욕이 그것이다. 도덕적인 삶을 추구하긴 하지만 곧 사치와 육체의 게으름에 익숙해지고 급기야 무력감에 젖어 나태해진다. 그 후 쓸모없는 헛된 싸움이 계속되고, 끝없는 나락으로의 추락, 인사불성이 될 정도의 지나친 음주, 그리고 범죄, 혹은 실성, 혹은 자살 등이 이어진다.

요즈음 부유층 자제들이 양육되고 있는 이런 과정을 지켜보는 것은 실로 끔찍하다. 부모들, 특히 그 심각성을 의식하지 못하는 어머니들에 의해 심어지기 일쑤인 연약함과 악덕은 가장 사악한 원수들만이 그렇게 기를 쓰며 아이에게 심어줄 것이다. 자신의 부모들에 의해 쓸모없게 망가진 아이들 중 심성이 좋았던 아이의 영혼 속에서 무슨 일이 일어나고 있는가를 볼 수 있다면 이러한 상황이 초래하는 공포는 갑절로 늘어날 것이다.

유약함과 의지박약의 습성들이 갖는 도덕적 의미를 젊은 이들이 이해하지 못할 때 그러한 습성들은 몸에 배게 되고 일반화된다. 절제와 극기라는 습성이 무시되고 있을 뿐만 아니라 스파르타와 고대 사회의 양육 원칙과는 달리 그런 습성 자체가 아예 소멸하고 말았다. 이러한 습성은 완전히 없어진 것이다. 사람들은 노동의 학습, 결실을 거둘 수 있는 모든 노동과 주의 집중, 긴장, 인내, 일에 대한 열중, 악화되고 쓸모없게 된 것을 교정할 수 있는 능력, 피로에 익숙해지는 것, 임무 완수에 대한 기쁨 등을 모르는 채 살고 있다. 그들은 이러한 것들이 어떻게 이뤄지는 것인지에 대해서는 단 한 번도 생각하지 않은 채 게으름과 모든 노동의 산물에 대한 경시를 배우고 있다. 그들은 방종과 타락과 돈으로써 아무거나 마음 내키는 대로 획득하는 것만을 배우고 있다. 사람들은 순서상 첫 번째이며, 다른 모든 것을 획득하는 데 있어 필수불가결한 덕행을 습득할 수 있는 능력을 결여했다. 그들은 분별력을 상실한 채 마치 숭고한 덕행과 균형감과 인류에 대한 봉사와 사랑이 높이 평가받는 듯이 여겨지는 세상에 내보내지는 것이다. 만일 어떤 젊은이가 천성적으로 부도덕하고 유약하여 겉치레의 올바른 삶과 진정으로 올바른 삶의 차이를 구별하지 못하고 그냥 세상에 만연해 있는 위선에 만족한 채 살 수 있다면 그건 상관없다. 이런 상황이라면 표면상 모든 것이 순조롭다. 이따금 그러한 사람은 죽을 때까지 도덕적 의식을 깨우지 않고 평온하게 살아가게 된다.

하지만 이런 상황이 늘 지속되는 것은 아니다. 특히 최근에 와서 그러한 삶은 비도덕적이라는 인식이 점차 퍼지게 되었다. 그래서 겉으로 드러나지 않는 참된 도덕성에 대한 요구가 생겨났다. 그리하여 참을 수 없이 괴로운 내면의 투쟁과 고통이 시작되었는데 이 괴로운 투쟁과 고통이 도덕성의 승리로 끝맺음되는 경우는 극히 드물다.

여기 한 인간이 있어 자신의 삶이 그리 훌륭하지 못하다는 것을 자각하고 있다. 그는 자기의 삶 전부를 처음부터 바꿔야 한다고 느끼고 있으며, 이를 실천하고자 노력한다. 하지만 여기에 똑같은 딜레마를 겪다가 좌절한 사람들이 있어, 기존의 삶을 바꾸려고 시도하는 그 사람을 모든 측면에서 공격한다. 그들은 전력을 다해 그에게 그런 것들은 전혀 필요하지 않다고 말한다. 절제와 극기라는 것은 선과 관계가 없다고 말한다. 과식을 하고 옷을 멋들어지게 차려입고, 육체적인 게으름에 탐닉하고, 심지어 음란함에 열중하면서도 선하고 유익한 삶을 살 수 있다고 말한다. 그래서 투쟁은 대부분 비참하게 끝을 맺게 된다.

자신의 유약함으로 인해 쇠약해지고 지친 사람은 이러한 사회의 일반적인 목소리에 굴복하기 십상이다. 그는 자기 내부에 있는 양심의 목소리를 억압하며 스스로를 정당화하기 위해 이성을 굽히게 된다. 아니면 겉치레뿐인 그리스도교 정신에 대한 믿음이나 학문과 예술에 대한 봉사 등으로 음탕한 삶을 보상할 수 있다고 스스로 확신하면서 그와 같은 삶을 계속 영위해 나간다. 혹은 싸우기도 하고, 고통 속에서 몸부림치다 미치기도 하고, 혹은 자살하기도 한다.

천 년 전에 이성적인 모든 사람들에게 있어서 명백한 진리였던 것을 오늘날 여러 가지 유혹 가운데 있는 속세의 인간들이 이해하기란 쉽지 않다. 올바른 삶을 이룩하기 위해 무엇보다 악한 삶을 중단해야 한다는 사실, 최고선을 위해 타종교인들이 주장하듯이 무엇보다 절제와 자제를 연마해야 한다는 사실, 혹은 그리스도교도들이 주장하듯이 덕행과 극기를 배우며 각고의 노력을 통해 점진적으로 최고의 덕을 향해 나아가야 한다는 사실 등을 이해하는 것도 거의 불가능하다.

6

40년대의 선구적인 교양인이자 국외로 추방되었던 오가료프[03]가 그보다 더 재능 있고 교양 있는 사람이었던 게르쩬에

---

[03] N.P. 오가료프(1813-1877). 시인, 출판가, 혁명운동가. 작가이자 혁명가였던 게르쩬과 막역한 친구 사이였음. 1856년 영국으로 망명하여 게르쩬이 운영하는 '러시아의 의지 인쇄소' 작업에 참여함. 게르쩬과 함께 러시아 최초의 혁명잡지인 『종(鐘)』의 발기인 및 공동편집위의 일원으로 활동했다.(역주)

게 보낸 편지들을 지금 막 읽어 보았다. 이 편지들 속에서 오가료프는 진심 어린 생각과 지향하는 바를 솔직하게 적고 있지만, 젊은 사람이 늘 그렇듯 친구 앞에서 약간 허풍을 떨고 있다.

그는 자기완성과 신성한 우정, 학문에 대한 봉사, 그리고 인류에 대해 말하고 있다. 그러나 그는 동시에 자신이 '얼큰한 상태에서 귀가하거나 타락한 여성과 한동안 사라지거나 함으로써' 인생의 동반자를 화나게 했노라고 아무렇지도 않게 쓰고 있다.

정말로 친절하고 재능이 있고 교양 있는 사람이며 유부남인 그가, 출산을 앞둔 아내를 놔둔 채(다음 편지에 그는 아내가 출산했다고 쓰고 있다.), 품행이 나쁜 여성과 놀아나고 만취한 상태에서 귀가하면서도 조금도 양심의 가책을 느끼지 않은 것이다.

술과 여자에 대한 끌림과 싸워 최소한 어느 정도까지 그것을 극복하기 전에는 우정이니 사랑이니 인류에 대한 봉사니 하는 것을 언급해선 안 된다는 것을 그는 전혀 생각지 못한 것이다. 그는 이런 악과 싸우지 않았을 뿐만 아니라 그것들이 어딘지 모르게 좋은 것이라 생각했음에 틀림없다. 그러한 악은 그가 완덕을 향해 나아가는데 조금도 방해가 되지 않았던 것이다. 그랬기 때문에 그는 잘 보이고 싶은 친구

앞에서 그 악들을 숨기기는커녕 오히려 드러내 보인 것이다.

이것은 반세기 전의 일이었다. 나는 그런 사람들과 동시대를 살았다. 나는 오가료프와 게르쪤을 알고 있었고, 그러한 기질의 사람들, 그와 같은 전통 속에서 자라난 사람들을 알고 있었다. 그런 사람들은 하나같이 놀랄 만큼 일관성을 결여하고 있었다. 그들에게는 올바른 것에 대한 진실하고도 뜨거운 염원과 개인적인 음욕으로 가득한 방탕함이 공존하고 있었는데, 그들은 이러한 개인적인 음욕이 올바른 삶과 그들의 작품, 선한 일들과 심지어 위대한 일들을 방해할 수 없다고 믿었다. 그들은 반죽도 하지 않은 밀가루를 불도 피우지 않은 화덕에 넣고는 빵이 구워지리라 믿었다. 노년에 이르러서야 그들은 빵이 구워지지 않았다는 사실을 깨닫게 되었다. 즉, 그들은 그 어떤 선한 것도 삶에서 이룩하지 못한 채 늙어 버린 것이다. 그들은 여기에서 무언가 특별하게 비극적인 점을 발견했다.

사실 그러한 삶이 갖는 비극은 실로 끔찍하다. 그 시기의 게르쩬, 오가료프 및 기타 등등의 명사들에게 닥친 이 비극은 똑같은 견해를 견지하는 오늘날의 많은 사람들, 소위 명망 있는 사람으로 불리는 많은 이들에게도 닥쳐왔다.

인간은 대부분 올바른 삶을 추구한다. 하지만 올바른 삶을 위해 필요한 행동의 순서는 이미 이 사회에서 사라진 지

오래다. 50년 전의 오가료프와 게르쩬처럼 오늘날 대다수의 사람들은 유약하고 의지박약한 삶을 영위하는 것이 달콤하면서도 유익한 것이라 확신한다. 또 향락을 즐기고 자신의 욕망을 가지각색으로 만족시키는 것이 올바른 삶을 방해하지는 않는다고 확신한다. 그러나 올바른 삶은 그러한 사람들에게서는 절대로 이루어지지 않는다. 그래서 그들은 비관론에 빠져 인생은 비극적이라는 둥 어떻다는 둥 구시렁거릴 뿐이다.

7

사람들은 욕망에 몸을 맡긴 채 욕망에 찌든 삶이 좋다고 생각한다. 그리고 그런 삶을 살면서 동시에 유익하고 정의로우며 사랑으로 충만한 삶을 살 수 있다고 생각한다. 이런 사람들의 망상은 터무니없을 정도여서 대식가들, 유약하고 의지박약한 인간들, 음탕한 인간들이 훌륭한 삶을 살았다고 주장한다. 그러니 먼 훗날 사람들은 이 시대의 사람들이 사용하는 '훌륭한 삶'이라는 말의 뜻을 제대로 이해하지 못할 것이다. 참으로 우리는 한순간이나마 이 시대 인간들의 의

례적인 시선을 버리고 삶을 들여다볼 필요가 있다. 나는 지금 그리스도교적 관점에서가 아니라 최소한의 보편적인 정의라고 하는 타종교의 관점에서 말하고자 하는데, 내가 하고 싶은 말은 이렇다. 요컨대, 어린아이들이라 할지라도 놀이를 할 때 어기지 않으려고 하는 아주 기본적인 인생의 규칙을 밥 먹듯 거스르면서 훌륭한 삶 운운하는 것은 어불성설이다.

나는 이 세상의 모든 사람들에게 당장 올바른 삶을 시작하라고 말하는 게 아니다. 비록 약간일망정 올바른 삶을 향한 전진을 시작하라고 말하는 것이다. 그런데 그러기 위해서는 무엇보다도 먼저 사악한 삶을 사는 것을 중단하고, 사악한 삶의 여러 조건들을 제거하는 것이 필요하다.

우리는 기존의 사악한 삶을 유지하려는 자기 합리화가 얼마나 끈질긴지 익히 알고 있다. 또한 사악한 삶과 반대 방향으로 가려는 선한 행위가, 부자연스럽고 우스꽝스럽고 잘난 척하기 위한 희망 사항일 뿐, 전혀 선하지 않다는 둥의 말들이 얼마나 끈질기게 만연해 있는지 익히 알고 있다. 이건 사람들로 하여금 악한 삶을 절대로 바꾸지 않도록 독려하고 있는 것과 마찬가지다. 사실 우리의 모든 삶이 훌륭하고 정의롭고 선하다면, 오로지 그럴 경우에만 일상의 삶 속에서 우리가 그냥 행하는 행위도 모두 선하다고 볼 수 있다. 만약 삶의 절반 정도만이 선하고 절반은 악하다면, 악한 행동이 반, 선한 행동이 반, 이렇게 될 것이다. 만약 삶이 온통 악하고 올바르지 못하다면 그러한 삶을 살고 있는 사람은 일상적인 삶의 흐름을 거스르지 않고는 단 한 가지의 선한 행동도 행하지 못할 것이다. 악한 삶의 흐름을 거스르지 않은 채 악한 행동을 할 수는 있지만 선한 행동을 할 수는 없지 않겠는가.

인간은 자신이 푹 빠져 있는 사악함의 조건들로부터 빠져나오기 전에는 선한 삶을 영위할 수 없다. 악행을 중단하지 않은 채 선한 행동을 시작해서도 안 된다. 사치를 하며 생활하는 사람은 선한 행동을 할 수 없다. 자신의 삶을 바꾸고, 일의 순서상 반드시 해야 하는 첫 번째 일을 제대로 해내기 전까지는 선한 일을 하려는 그의 시도들이 죄다 헛된 일이 될 것이다.

올바른 삶은 타종교적 세계관에 의해서건 그리스도교적 세계관에 의해서건 똑같이 측정될 수 있다. 그것은 자기애와 타인에 대한 사랑의 관계로써만 측정될 수 있을 뿐 다른 어떤 것으로도 측정될 수 없다. 자기 자신에 대한 사랑과 거기서부터 시작된 자아에 대한 배려나 염려, 그리고 자신을 위해 남들한테 요구하는 각종 수고가 적으면 적을수록 삶은 선해지고, 타인에 대한 사랑과 거기서부터 시작된 타인에 대한 배려, 타인을 위한 자신의 수고가 많아지면 많아질수록 삶은 그만큼 더 선하게 되는 법이다.

세상의 모든 현자들과 모든 진정한 그리스도교인들은 선한 삶을 그렇게 이해했고 지금도 그렇게 이해하고 있다. 가장 평범한 보통 사람들도 그렇게 이해하고 있다. 남들에게 더 많이 주고 자신을 위해 더 적게 요구할수록 그 사람은 좋은 사람이고, 남들에게 적게 주고 자신을 위해 더 많이 요구할수록 그는 나쁜 사람이다.

만약 지렛대의 중심축을 긴 쪽에서 짧은 쪽으로 옮긴다면 지레의 긴 쪽은 이로 인해 더 길어지고 지레의 짧은 쪽은 더 짧아지게 된다. 사랑이라는 능력도 마찬가지다. 만약 어떤 사람이 자기 자신에 대해 사랑과 배려를 확대시켰다면 이로써 그는 남들에 대한 사랑과 배려를 할 수 있는 가능성을 축소시켰다고 볼 수 있다. 그는 자기 자신에게 부여한 사랑의 양만큼뿐만 아니라 그보다 몇 배나 더 큰 가능성을 축소시킨 것이다. 남들을 먹이고 부양하는 대신에 남아도는 잉여분을 다 먹어 버린다면, 이로써 그 사람은 잉여분을 남들에게 내어줄 수 있는 가능성을 축소시킬 뿐만 아니라 그 과식의 결과로 남들에 대해 배려할 수 있는 가능성을 자신에게서 스스로 앗아가는 결과를 초래하는 것이다.

타인을 사랑하고 자신을 사랑하지 말라고 입으로만 말해

서는 안 된다. 입으로 말하는 것이 아니라 실천하는 것이 중요하다. 하지만 대개는 다음과 같은 상황이 벌어진다. 요컨대, 우리는 남들을 사랑하고 있다고 확신하고 있다. 하지만 우리는 단지 말로만 남들을 사랑할 뿐, 실제로는 자기 자신을 사랑하고 있다. 우리는 남들을 먹이고 재우는 것은 잊어버리지만 자기 자신에 대해서는 절대 그렇게 하지 않는다. 따라서 실제로 남들을 사랑하기 위해서는 남들을 먹이고 재우는 일을 잊어버리듯이 그렇게 자기 자신을 먹이고 재우는 일을 잊어버리는 것을 배울 필요가 있다.

우리는 사치스런 생활에 익숙한 유약하고 의지박약한 사람을 놓고서 '착한 사람'이라는 둥, '올바른 삶을 살고 있다'는 둥의 말을 한다. 하지만 그런 사람–남성이나 여성–은 온순함이나 온화함 같은 성격의 요소는 소유할 수 있을지언정 올바른 삶을 살아갈 수는 없다. 아무리 훌륭한 재질의 철로 만들어진 칼이라 하더라도, 그리고 아무리 훌륭한 장인이 만든 칼이라 할지라도 벼르는 과정, 즉 준비 과정을 거치지 않으면 그 칼은 자를 수 없는 것과 마찬가지이다.

올바르게 산다는 것은 남들에게서 받아 오는 것보다 남들에게 더 많이 주는 것을 의미한다. 응석을 받아 유약하고 의지박약하게 되어 버린 사람과 사치스런 생활에 익숙해진 사람은 이것을 할 수가 없다. 첫째, 그는 늘 많은 것을 필요로 한다.(그의 이기주의 때문에 필요한 것이 아니라 그가 익숙해져 있기 때문이며, 올바른 삶을 영위한다는 것은 그에게 익숙한 모든 것을 잃게 되는 고통을 의미한다.) 둘째, 남들로부터 받는 모든 것을 소비만 하는 그는 이러한 소비로 인하여 자기 자신을 약하게 만들며 또한 노동과 봉사의 가능성을 스스로에게서 박탈한다. 유약하고 의지박약한 인간, 부드러운 침대에서 늘어지게 자는 인간, 달착지근하고 기름진 음식을 먹어 대는 인간, 술을 고래처럼 마셔 대는 인간, 겨울에는 따뜻한 옷을, 여름에는 시원한 옷을 반드시 입어야 하는 인간, 단 한 번도 힘든 일을 해본 적이 없는 인간, 이런 인간들이 할 수 있는 것은 거의 없다.

우리는 자기 자신에게 거짓말하는 데 익숙해졌고 남들의 거짓말에도 익숙해졌다. 남들이 우리가 하는 거짓말을 알아채지 못하도록 하기 위해서 우리 역시 남들의 거짓말을 알아채지 못하는 척한다. 그래서 거짓을 일삼으면서도 덕행을 쌓을 수 있다는 주장이나 철저하게 방종한 삶을 사는 인간의 신성함에 대해서 놀라지도 않고 의혹도 제기하지 않는 것이다.

남성이든 여성이든 보통의 인간은 깨끗하게 다림질된 두 장의 시트와 베갯잇이 있는 솜털 베개, 그리고 두 개의 매트리스가 갖춰진 스프링 침대에서 잠을 잔다. 침대에는 마룻바닥에 발을 디딜 때 춥지 않도록 카펫이 깔려 있다. 슬리퍼가 있는데도 카펫이 또 있는 것이다. 게다가 온갖 필요한 집기들이 다 있어 그는 집을 나갈 필요가 전혀 없다. 창문들은 전부 커튼이 달려 있어 빛이 사람을 깨울 수 없다. 그래서 그는 몇 시까지건 자고 싶은 대로 잠을 잔다. 이 밖에도 겨울엔 따뜻해야 하고, 여름엔 서늘해야 하며, 소음과 파리, 그리고 기타 다른 곤충들이 주인 나리의 평정을 깨뜨려서는 안 된다는 규칙들이 잘 지켜지고 있다. 그는 자고 있지만 세숫물은 벌써 뜨거운 물과 차가운 물이 각각 준비되어 있다. 가끔씩 목욕이나 면도를 위한 물도 이미 준비되어 있다. 기상한 직후 마시게 될 각성 음료인 차와 커피도 준비된다. 어제 그가 더럽힌 장화, 짧은 장화, 덧신 몇 켤레는 이미 깨끗이 소제된 상태여서 마치 유리처럼 환하게 빛이 날 정도며, 신발 위에는 미세한 먼지 하나 찾아볼 수 없다. 겨울과 여름뿐 아니라 봄, 가을, 비 오는 날, 무더운 날 등등 각종 날씨에 맞는 다양한 옷들이 전날 더럽혀졌다 해도 모두 말끔히 세탁되어 있다. 풀을 먹여 깨끗하게 다림질된 세탁물이 준비되는데, 거기에는 각종 단추들과 칼라 및 소매 단추, 고리 매듭 등이 정확하게 달려 있다. 만약 주인이 활동적인 사람이라면 일찍, 즉 7시면 기상한다. 그래도 역시 7

시라는 시각은 모든 것이 그를 위해 준비된 뒤 두세 시간이 흐른 뒤이다.

그 다음에 그는 씻고, 단장을 하고, 머리 손질을 한다. 이를 위해 여러 종류의 솔과 많은 양의 물과 비누가 필요함은 물론이다.(다수의 영국인들과 여성들은 특히 많은 양의 비누와 물을 사용한다는 사실을 왠지 자랑스러워한다.) 다음에 그는 거의 모든 방 안에 걸려 있는 독특한 거울 앞에서 옷을 입고 머리를 빗는다. 그리고 그에게 없어서는 안될 필수품들을 챙긴다. 대부분은 안경 또는 코안경, 오페라글라스이다. 다음으로 주머니마다 코를 풀기 위한 손수건과 체인이 달린 시계를 집어넣는다. 그가 들어가게 될 곳곳에, 거의 각 방마다 시계가 걸려 있긴 하지만 상관하지 않는다. 또한 필요한 곳을 직접 찾는 수고를 덜어줄 차비에 쓰이는 잔돈을 비롯해 갖가지 돈을 챙기고, 자신의 이름을 말하거나 적는 수고를 덜기 위해 명함을 챙기며, 연필과 노트 등도 잊지 않는다. 여성에게 있어 옷치장은 코르셋과 빗, 긴 머리, 장신구들, 납작하게 엮은 무명 끈, 새틴, 리본, 끈, 머리핀, 장식 핀, 브로치 등등 더욱 복잡하다.

이 모든 것이 마무리되면 하루의 일과는 보통 식사하는 것으로 시작된다. 그는 엄청나게 많은 설탕을 넣어 차와 커피를 마시고 상당한 양의 버터 및 돼지고기가 들어간 흰 빵을 먹는다. 남성들은 대부분 이 과정에서 담배나 시가를 태운다. 그 다음 막 배달된 아침 신문을 읽는다. 그 다음에 사업 혹은 업무상 일 때문에 집에서 나와 마차를 타고 간다. 마차는 이러한 사람들을 태우기 위해 의도적으로 존재하는 것이 분명하다. 그런 다음 도살한 육식동물과 새, 생선 등의 세 가지 코스 요리 및 디저트와 커피로 구성된 점심 식사를 대단히 가볍게 하고, 그 후로는 카드 게임을 하고 음악을 감상하거나 연극을 관람한다. 이어서 촛불과 가스등, 전깃불의 화려하고도 은은한 불빛 속에서 탄력 있고 부드러운 안락의자에 앉아 독서나 담화를 계속한다. 다시 차와 주전부리, 그리고 저녁이 제공된다. 말끔히 비워진 그릇 다음에는 깨끗한 시트와 함께 한껏 두들겨 부풀려진 침구가 등장한다.

겸손한 삶을 산다는 사람의 하루가 그러하다. 만일 그가 온화한 성격을 지녔고, 특별히 다른 불쾌한 습관을 갖고 있지만 않다면 그 사람은 올바른 삶을 살고 있다고 사람들은 말할 것이다.

하지만 올바른 삶이란 다른 이들에게 선을 베푸는 삶이다. 그런데 이런 식으로 살고, 또 이런 식의 삶에 익숙해진 사람들이 어떻게 선을 행할 수 있겠는가? 선을 행하려면 그러기에 앞서 우선 악을 중단해야만 한다. 이런 사람이 부지

불식 간에 사람들에게 행하는 악에 대해서 생각해 보라. 당신은 그가 선과 거리가 먼 사람이라는 것을 알게 될 것이다. 그가 자신이 저지른 악행을 보속하려면 헌신적으로 선을 행해야만 한다. 그러나 욕망으로 얼룩진 삶으로 인해 쇠약해진 그는 그 어떤 헌신적인 행동도 할 수 없다.

그는 마르쿠스 아우렐리우스[04]가 그랬듯이 망토로 몸을 휘감고 마룻바닥에 누워 잠을 잠으로써 신체적으로나 도덕적으로나 더 유익하게 살 수 있다. 그가 만일 그렇게 한다면 그는 매트리스니 스프링이니 베개니 하는 것들의 제조에 수반되는 모든 노고와 수고를 덜어줄 수 있을 것이다. 또한 건강한 남자들을 위해 이불보를 세탁하는 세탁부—아이를 낳고 기르느라 허약해진 여성들이 대부분 이 일을 한다—의 일상적 노고를 덜어줄 수 있을 것이다.

그는 또 일찍 자고 일찍 일어남으로써 창문에 매단 커튼이니 등불이니 하는 것들을 절약해줄 수 있다. 그는 낮에 입었던 셔츠를 그냥 입은 채 잘 수 있고 맨발로 마룻바닥을 딛고 일어나 정원으로 나갈 수 있다. 그리고 샘물가에서 세수를 할 수도 있다. 한마디로 말해서 그는 자기를 위해 일해 주는 사람들처럼 살고 그럼으로써 자기를 위해 행해지는

---

04 마르쿠스 아우렐리우스(Marcus Aurelius). 팍스 로마나(Pax Romana: 로마의 평화)의 마지막 시기를 이끌었던 로마 제국의 제16대 황제(재위 161-180년)이자 금욕을 중시했던 후기 스토아학파 철학자. 저서로 『명상록』을 남겼다. 영화 '글래디에이터(2000)'에서 주인공 막시무스 장군을 신임했던 황제가 바로 그이다.(역주)

이 모든 수고로운 노동을 덜어줄 수 있다. 그는 자기의 옷과 세련된 식사와 오락을 위해 소모되는 온갖 노동을 절약시켜 줄 수 있다. 그리고 그는 어떤 조건하에서 이 모든 노동이 행해지는지를 알아야 한다. 그런 노동을 수행함으로써 사람들이 얼마나 고통스러워하는지, 얼마나 쇠락해 가는지, 그리고 그런 노동을 쥐어짜내기 위해서 부유한 인간들이 자기의 가난을 어떻게 악용하는지를 알고는 그들을 얼마나 증오하는지…

그런 사람이 어떻게 유약하고 사치스러운 생활 습관을 버리지 않은 채 선한 삶을 살고, 타인에게 선을 행할 수 있단 말인가. 도덕적인 인간이라면-나는 그리스도교인만을 말하는 것이 아니라 인본주의 혹은 정의를 주창하는 모든 사람을 말한다-자신의 삶을 바꿀 수 있어야 하고, 다른 사람에게 해악을 입히면서 생산된 사치품의 사용을 중단할 수 있어야 한다.

어떤 사람이 만일 담배 제조에 종사하는 노동자를 가엾이 여긴다면 그는 자연스럽게 흡연을 중단할 것이다. 왜냐하면 계속해서 흡연을 하고 담배를 구입한다면 이는 남들의 건강을 망치는 담배 제조를 장려하는 결과가 되기 때문이다.

하지만 오늘날 사람들은 그렇게 생각하지 않는다. 그들은 정말 갖가지 교묘한 생각들을 만들어 내면서 자신들을 합리화한다. 그러면서 보통 사람들 머릿속에 자연스럽게 떠오르는 생각에 대해서는 한마디도 하지 않는다. 그들은 사치품들을 자제할 필요가 전혀 없다고 생각한다. 그들은 노동자들의 처지를 동정하고, 그들의 복지를 위해 무언가를 부르짖고 책을 쓰면서 동시에 노동자들을 파멸시키는 그 노동을 계속해서 착취하는 것이 가능하다고 생각한다.

만약 남들에게 해를 끼치는 노동을 내가 착취하지 않는다면 어차피 다른 누군가가 착취할 것이기 때문에 내가 그 파괴적인 노동을 착취해야 한다는 의견도 있다. 몸에 해로운 술을 샀는데, 내가 안 마시면 누군가 다른 사람이 그걸 마실 터이니 몸에 해로운 술은 차라리 내가 마셔 없애는 것이 낫다는 생각도 이와 유사하다.

사치를 위해 사람들의 노동력을 갈취하는 것이 심지어 그 피착취자들에게 매우 유익하다는 의견도 있다. 왜냐하면 그렇게 함으로써 우리가 그들 노동자들에게 돈, 즉 존재의 당위성을 부여하기 때문이라는 것이다. 이런 생각을 하는 사람들은 마치 다른 것으로는 그들에게 존재의 당위성을 부여할 수 없는 것처럼 말한다. 그들에겐 파괴적이고 우리에겐 불필요한 물건들을 만들도록 강요함으로써만 그들에게 존재의 당위성을 부여할 수 있는 것처럼 말하는 것이다.

이러한 모든 어이없는 일들은 사람들이 바른 생활을 위해 필요한 첫 번째 자질을 습득하지 않으면서 올바른 삶을 영위할 수 있다고 상상하는 데서 비롯된다. 이 첫 번째 자질은 바로 절제이다.

8

올바른 삶이란 절제 없이 있을 수 없었고, 지금도 여전히 있을 수 없다. 절제를 제외하고는 어떠한 올바른 삶도 의미가 없다. 올바른 삶에 도달하는 그 어떤 여정도 절제를 통해서 시작되어야만 한다.

덕행에는 단계가 있다. 다음 단계로 들어가기 위해서는 첫 걸음부터 시작해야 한다. 만약 누군가가 조금 더 높은 단계의 덕을 쌓고 싶다면 그는 옛날 사람들이 분별 혹은 자제라고 불렀던 덕행을 먼저 쌓아야 한다.

그리스도교 교리에서 절제가 극기의 개념에 포함된다면 절제에 필요한 일정한 순서도 그와 똑같이 극기의 개념에 포함된다고 볼 수 있다. 그리고 그 어떤 그리스도교의 덕행도 절제 없이는 습득될 수 없다. 이것은 누군가 만들어낸 생각이 아니라, 만물의 본질이 그렇기 때문이다.

절제는 모든 덕행의 첫 단계이다.

절제는 하루아침에 갑자기 생겨나는 것이 아니라 점차 습득되는 것이다. 절제는 욕망으로부터의 해방이며 욕망을 분별에 복종시키는 것이다. 하지만 인간의 욕망은 너무도 많고 종류도 다양하기 때문에 그것과 싸워 승리하기 위해서 사람은 근본적인 것부터 시작해야 한다. 근본적인 것에서 다른 것들, 더 복잡한 것들이 생겨난다. 그러므로 근본적인 곳에서 생겨난 복잡한 것에서 출발해서는 안 된다. 욕망은 두 종류로 나뉜다. 몸단장, 각종 오락 및 잡담, 호기심 같은 복잡한 욕망이 있고, 과식, 게으름, 정욕 같은 근본적인 욕망이 있다. 욕망과의 싸움은 마지막부터 시작하면 안 된다. 즉 복잡한 욕망과의 싸움부터 시작해서는 안 된다. 기본적인 것부터, 그리고 그것도 어떤 확고한 순서에 따라서 시작해야 한다. 이러한 순서는 만물의 본질 및 오랜 세월 누적된 인간의 지혜에 의해 결정된다.

과식하는 사람은 게으름과 싸울 수 없고, 과식하면서 게으른 사람은 육체의 욕망과 싸울 수 없다. 그렇기 때문에 세상의 모든 가르침에 따르면, 절제를 향한 시도는 식욕과의 싸움에서, 절식에서 시작되었다. 그러나 오늘날 우리 사회는 올바른 삶을 습득할 수 있는 모든 진지한 관계를 상실한 지 너무도 오래되었다. 그래서 가장 첫째가는 덕행이 절제이고, 절제 없이는 다른 것들이 불가능하다는 사실은 쓸데없는 것으로 간주된다. 이러한 첫 번째 덕행 습득을 위해 필요한 일정한 단계 역시 무시된 지 오래여서 절식은 어리석고 불필요한 미신이라는 생각이 만연하게 되었다.

 올바른 삶의 첫째 조건이 절식인 것처럼 절제된 삶의 첫 번째 조건은 절식이다.
 물론 절식하지 않으면서 선하게 되기를 기대할 수도 있고, 선에 대하여 상상할 수도 있다. 그러나 실제로 절식 없이 선해진다는 것은 역시 불가능하다. 이것은 마치 두 다리로 서지 않고 걷는 것처럼 불가능한 일이다.
 절식은 올바른 삶을 위해 없어서는 안될 조건이다. 과식은 올바른 삶과 반대되는 그릇된 삶에 있어서 늘 첫 번째 특징이었고, 그것은 지금도 그렇다. 그리고 유감스럽게도 이러한 과식은 오늘날 대부분의 사람들 삶 속에서 가장 두드러진 특징으로 나타났다.
 우리 주변에 널려 있는 이 시대 사람들의 얼굴과 체격을 한번 보라. 턱살과 뺨, 피둥피둥 살찐 팔다리와 불룩 나온 배를 갖고 있는 이들은 방탕한 생활의 지울 수 없는 흔적을 내보인다. 정말 그럴 수밖에 없다. 세상 대다수의 사람들이 무엇에 의해서 좌지우지되고 있는지, 우리의 삶을 눈여겨보

라. 사람들 대부분의 주된 관심이 무엇인지 스스로에게 물어 보라. 진짜 관심사를 숨기는 데 익숙하고, 날조되고 인위적인 관심사를 자랑스럽게 내보이는데 익숙한 우리에게 참으로 신기하게 들릴지 모르지만, 이 시대 대다수 사람들의 삶에서 주된 관심은 미각을 만족시키는 데 있다고 할 수 있다. 가장 가난한 사람부터 부유한 사람에 이르기까지 먹는 것은 인생의 가장 주된 목적이자 가장 주된 쾌락이라고 나는 생각한다.

가난한 노동자 역시 빈곤으로 인해 제대로 먹을 수 없다는 점에서만 예외라 할 수 있다. 맛있고 달콤한 것을 얻을 수 있는 수단과 시간이 생기기가 무섭게 그는 상류층에 질세라 닥치는 대로 먹고 마신다. 많이 먹으면 먹을수록 그는 자신을 더 행복하다고 여길 뿐만 아니라 강하고 건강하다고 생각한다. 상류층 역시 그런 식으로 생각함으로써 노동자들의 이 잘못된 신념에 부채질을 한다. 배웠다는 사람들조차도 행복과 건강이-그들의 주치의는 가장 비싼 음식인 고기가 가장 몸에 좋은 음식이라 주장한다-맛있고 영양분이 많으며 쉽게 소화되는 음식을 먹어 대는 것이라고 생각한다. 물론 그런 생각을 숨기려고 애쓰지만 말이다.

부유한 사람들의 삶을 들여다보고 그들의 대화를 들어 보라. 철학, 과학, 예술, 시, 부의 분배, 대중의 행복, 청소년기의 양육 등등 모든 고상한 주제들이 그들의 관심을 끌고 있는 듯하다. 하지만 대부분의 경우 이것은 모두 거짓이다. 이러한 모든 것은 아침 식사와 저녁 식사 사이에 뱃속이 가득 차서 더 이상 먹을 수 없게 됐을 때, 그리하여 비로소 업무가 시작될 때에야 그들의 관심을 끈다. 남녀 대부분의 진정한 그리고 생생한 관심사는 바로 먹는 것이다. 특히 청소년기 이후에 그렇다. 어떻게 먹을 것인가, 무엇을 먹을 것인가, 언제, 어디서 먹을 것인가에 관한 것, 즉 오로지 먹는 것만이 그들의 관심사이다.

그 어떤 축제도, 그 어떤 파티도, 그 어떤 봉축식도, 그 어떤 개회식도 먹을 것 없이는 이뤄지지 않는다.

여행객들을 보라. 그들은 이 점을 특히 적나라하게 보여준다. '박물관이니 도서관이니 의사당이니 하는 것은 참 훌륭하군! 그런데 식사는 어디서 하지? 이 근처에서 제일 괜찮은 식당은 어디인가?'라고 묻는 것이 일반적이다. 옷을 잘 차려입고 향수를 잔뜩 뿌린 그들이 식사에 대해, 갖가지 꽃들로 장식된 식탁에 대해, 얼마나 기쁘게 두 손을 비비고 미소 지으며 의견의 일치를 보이는지 들여다보란 말이다.

사람들의 마음속을 들여다볼 수 있다면 그 속에서 무엇을 발견할 수 있을 것 같은가? 아침 식사, 저녁 식사에 대한 욕구이다. 어린 시절부터 인간이 받는 가장 잔인한 벌이 무엇인가? 빵과 물만 먹고 사는 일이다. 장인들 중에서 누가 가장 많은 봉급을 받는가? 요리사이다. 가정주부들의 주된 관심사는 무엇인가? 중산층 가정주부들 사이에 오고 가는 대화의 대부분은 어떤 쪽으로 쏠리는가? 만약 상류층 사람들의 대화가 먹는 쪽으로 쏠리지 않는다면 이것은 그들이 더 교양 있거나 보다 고상한 관심사로 인해 바빠서 그런 것이 아니라 단지 그들에게 경제적 여유가 있거나 집사가 있어서 집사가 그 일에 관여를 하고 식사를 책임지고 있기 때문이다.

하지만 그들에게서 이러한 편의를 제거해 보라. 그러면 당신은 그들의 관심이 어디에 있는지 보게 될 것이다. 모든 것이 먹는 문제로 귀착할 것이다. 그들은 멧닭의 가격이라든가, 가장 맛있게 커피를 끓이는 방법이라든가, 아니면 달콤한 파이를 굽는 방법 등등에 관해 묻기 시작할 것이다. 어떠한 경우에도 사람들은 모인다. 세례식, 장례식, 결혼식, 봉축식, 작별파티, 회식, 기념일 축하 파티, 추도식, 위대한 학자, 사상가, 스승의 탄신 기념식 등등, 고상한 관심사들로 분주한 것처럼 보이는 사람들도 그렇게 모인다. 하지만 그들은 기만하고 있는 것이다. 이제 곧 식사가 시작될 것임을, 훌륭하고 맛있는 음식과 음료수가 나올 것임을 그들 모두는 알고 있다. 바로 이 중요한 사실이 그들을 함께 불러 모은 것이다.

 몇 주 동안 바로 이 목적을 위해서 요리사들, 요리사의 조수들, 견습 요리사들, 깨끗하게 풀 먹인 앞치마와 모자라고 하는 특별한 의상을 걸친 레스토랑의 직원들이 소위 '작업' 중에 있다. 그들은 수없이 많은 식료품을 상점에서 구입하고 수없이 많은 짐승을 도살하고 있는 것이다. 한 달에 500루블, 그 이상을 버는 소위 '셰프'들이 갖가지 지시를 내리기 위해 고용되었다. 요리사들이 자르고, 반죽을 하고, 씻고, 재료를 쌓아 올리고 장식을 한다. 그와 마찬가지로 경건하고 엄숙하게, 식사 준비를 총괄하는 지배인도 이리저리 생각하고, 평가하고, 눈어림을 한다. 예술가가 따로 없다. 꽃을 담당하는 정원사도 일한다. 설거지 담당 하녀를 비롯해 엄청난 사람들이 뼈 빠지게 일을 하고 수많은 나날들이 이 날 하루를 위해 소요된다. 이 모든 것이 학문적, 도덕적으로 기념할 만한 위대한 스승에 대해서 말하거나 고인이 된 친구를 회상하거나, 아니면 새로운 삶을 시작하는 젊은 부부의 출발을 축하하기 위해서 마련되는 것이다.

 중하류 계층의 생활 속에서 축제와 장례, 결혼 등이 의미하는 바는 분명 엄청난 과식과 폭식이다. 중하류 계층 사람들은 이러한 행사들을 그렇게 이해한다. 폭식은 삶 속에서 일어나는 각종 행사 및 축제를 그런 식으로 대신한다. 그래서 그리스어와 프랑스어에서는 하나의 단어가 결혼식과 향연을 둘 다 의미하기까지 한다. 결혼식은 곧 먹어 대는 행사란 말이다. 하지만 세련된 상류사회 인사들은 정교한 수단을 사용하여 이런 사실을 숨긴 채 먹는다는 것은 그저 겉치레를 위한 부차적인 일이라는 듯 행동한다. 이런 위선이 쉽게 행해지는 것은 대부분의 경우 실제로 손님들은 문자 그대로 식상해 있기 때문이다. 즉 손님들은 결코 배고픈 적이 없기 때문이다.

상류사회 사람들은 식사란 불필요하다는 듯이, 심지어 부담스럽기까지 하다는 듯이 행세하지만 이는 새빨간 거짓이다. 그들이 기대할 만한 아주 세련되고 값비싼 음식 대신에 그들에게 다른 음식을 대접해 보라. 나는 무슨 빵이니 물이니 하는 것을 말하는 것이 아니다. 죽, 국수, 이런 것들을 말하는 것이다. 좌우지간 그럴 경우 얼마나 격한 감정이 유발되는지 당신은 보게 될 것이다. 그런 사람들이 모인 곳에서의 주된 관심은 그들이 늘상 표방하곤 했던 고상한 어떤 것이 아니라 다름 아닌 먹을 것이라는 사실이 밝혀질 것이다.

사람들이 무엇을 사고 파는지 보라. 도시로 나가 무엇이 팔리는지 보라. 치장을 위한 물품과 먹어 삼킬 물품만이 있을 뿐이다.

사실 이렇게 될 수밖에 없다. 어쩔 도리가 없다. 물론 먹는 것에 관해 생각하지 않는 것은 가능한 일이다. 그러나 인간이 필요할 때만, 즉 배가 고플 때만 먹는다면, 오로지 그럴 경우에만 식욕이라는 것을 통제할 수 있다. 만일 그런 식의 식사를 할 수 없다면, 즉 위장이 가득 차있는데도 계속 먹어 댄다면 다른 도리가 없다.

만일 사람들이 먹기의 쾌락을 사랑한다면, 이러한 쾌락을 사랑하도록 스스로에게 허용한다면, 우리 시대 대부분의 사람들이 그러하듯, 즉 교육받은 이나 일자무식 하층민이나 그러하듯-비록 교육받은 계층은 안 그런 척 행동하지만-먹는 것을 훌륭한 일로 생각한다면, 이 쾌락의 증식에는 한계가 없다. 그 쾌락이 어느 정도로까지 성장해 나갈지는 아무도 가늠할 수 없을 정도다. 필요의 충족에는 끝이 있지만 욕망의 충족에는 끝이 없다. 우리의 필요를 충족시키기 위해서라면 빵과 죽과 밥을 먹는 것만으로도 충분하다. 그러나 욕망을 충족시키기 위해서는 맛내기와 양념에 끝이 없다.

빵은 필요하면서도 충분한 음식이다.(이는 수백만의 힘세고 활기차고 건강하고 부지런한 사람들이 오로지 귀리 빵만 먹고 산다는 사실에서 입증되었다.) 그러나 빵에다 약간의 향미를 더하면 조금 더 맛이 좋다. 고기 국물에다 빵을 적셔 먹어도 참 좋다. 고기 국물에 야채를 한 가지 넣으면 더 좋고, 몇 가지 야채를 넣으면 그보다도 더 좋다. 고기는 좋다. 그러나 국으로 하기보다는 굽는 것이 더 맛있다. 그런데 버터를 발라 구우면 더 좋고, 약간 덜 익게 구우면 그보다 더 좋고 특정 부위만 구우면 그보다도 더욱더 좋다. 여기다 야채와 겨자를 더해 보자. 그리고 와인도 좀 마셔 보자. 붉은 와인이면 더 좋다. 고기를 원하지 않는다면 생선을 구울 수도 있다. 생선에 소스를 더하고 와인도 화이트 와인으로 바꿀 수 있다. 이쯤 되면 아마 더 이상 기름지고 맛있는 것은 먹을 수 없다고 생각할지 모른다. 하지만 디저트는 더 먹을 수 있다. 여름에는 아이스크림, 겨울에는 설탕물에 절인 과일, 잼 등을 먹을 수 있다.

소위 검소한 한 끼 식사란 것이 이 정도다. 이런 식사의 쾌락은 어마어마하게 증대될 수 있다. 실제로 그 쾌락은 증대되고 있고 쾌락의 증대에는 끝이 없어 보인다. 식욕을 촉진시키는 전채 요리, 디저트 직전에 제공되는 가벼운 요리, 디저트, 여러 가지 향미와 갖가지 꽃과 식탁 장식들, 식사 중에 흐르는 음악 등등, 등등… 무서운 경고를 유발시켰던 벨사차르의 향연[05]은 여기 비하면 아무것도 아니다. 놀라운

---

05 구약성서의 다니엘서 5장에 나오는 바빌론 왕국의 벨사차르(Belshazzar) 왕이 벌인 잔치를 말한다. 취기가 오른 벨사차르 왕은 선왕 네부카드네자르(Nebuchadnezzar) 시절 예루살렘 성전에서 약탈해서 보관 중이던 금 술잔과 은 술잔들을 가져오라고 명한다. 왕은 고관대작들과 왕후들, 빈궁들과 더불어 성물로 여겨지던 그 잔으로 술을 마시고 무리들은 금, 은, 동, 나무 등으로 만든 이방신들을 찬양한다. 그러자 갑자기 한쪽 벽에 사람 손이 나타나 글

것은 매일 배가 터지도록 그런 음식을 먹어 대는 사람들이다. 그들은 그렇게 과식하면서도 그들 나름의 도덕적인 삶을 영위할 수 있다고 순진하게 확신한다.

9

 절식은 없어서는 안될 덕행의 조건이다. 하지만 절식에도 절제와 마찬가지의 문제가 따른다. 무엇부터 절식을 시작해야 하는가, 어떻게 절식에 임할 것인가, 얼마나 자주 먹어야 하며, 무엇을 먹어야 하고 무엇을 먹지 말아야 하는가에 관한 문제 등이 그것이다. 정해진 순서를 모르면서 어떤 일에 진지하게 임할 수 없는 것처럼, 무엇부터 절식해야 하는지, 어떤 음식부터 절제해야 하는지 등등을 모른 채 절식에 임할 수는 없다.
 일반적으로 절식을 생각할 때, 어떤 것에서부터 절식을

자를 쓰는데 이를 목격한 벨사차르 왕을 비롯한 모든 이들은 두려워 떨게 된다. 아무도 이 글씨를 해석하는 이가 없던 중 다니엘(Daniel)이라고 하는 하느님의 신망을 받는 자가 불려 나와 이를 해석, 왕의 멸망과 바빌론 왕국의 붕괴를 예언한다. 다니엘의 예언에도 불구하고 회개하지 않은 벨사차르 왕은 바로 그날 밤 살해된다. 과음, 과식, 사치와 향락으로 점철된 벨사차르 왕의 향연이 이처럼 비극적으로 막을 내리게 된 것은 지나친 향락과 신을 모독하는 행위에서 비롯된 것으로 볼 수 있는데, 톨스토이가 이를 인용한 것은 일반적인 과식도 이와 다를 바 없음을 강조하기 위한 것으로 보인다.(역주)

시작해야 하는지, 어떻게 절식을 수행해야 하는지 분석할 필요가 있다. 대부분의 사람들에게 있어 이러한 생각은 우습고 이상하게 보일 수 있다.

수도원의 금욕주의를 비난했던 복음주의 전도사가 '나의 그리스도교는 절식이나 궁핍과 함께 하는 것이 아니라 비프스테이크와 함께 한다.'면서 자신의 독창성에 대해 거만하게 내게 말했던 적이 있다.

저 오랫동안의 어둠과 몽매의 시기―그리스도교적이건 타종교적이건―에 조잡하고 부도덕한 사상들이 우리의 삶 속으로, 특히 덕행을 향한 첫걸음이라고 하는 가장 낮은 단계 속으로 스며들었나 보다. 즉 어느 누구도 주의를 기울이지 않았던 음식에 대한 태도 속으로 말이다. 오늘날에는 그리스도교나 덕행이 비프스테이크와 함께한다는 저 불손하고도 무분별한 주장을 나는 도무지 이해할 수가 없다.

이러한 주장이 끔찍한 것은 그것이 단지 우리에게 참으로 낯선 생각이기 때문만은 아니다. 우리는 눈은 있되 제대로 보지 못하고, 귀가 있되 제대로 듣지 못하고 있다. 우리가 익숙해지지 않는 악취는 없고, 익숙해지지 않는 소리도 없다. 익숙해지지 않는 기괴함도 없다. 그래서 익숙치 않은 사람에게는 무척이나 놀라운 일도 우리는 깨닫지 못한다. 도덕적인 영역에서도 마찬가지다. 그리스도교와 도덕이 비프스테이크와 어울리다니 말이 되는 소리인가!

며칠 전 우리 도시 툴라시(市)에 있는 도살장에 갔다 왔다. 그 도살장은 대도시에 있는 것처럼 최신 설비가 잘 갖춰져 있어서 짐승들이 가급적 덜 고통스럽게 도축되고 있었다. 때는 성 삼위일체 축제[06] 이틀 전 금요일이었다. 가축들은 많이 있었다.

이보다 훨씬 오래전에 나는 『다이어트의 윤리』라는 훌륭한 책을 읽었다. 사람들이 채식에 관해 얘기를 할 때에 내 눈으로 문제의 본질을 직접 보고 싶은 마음에 나는 그 책을 읽으면서 도살장을 살펴보고 싶어졌다. 하지만 인간이 으레 곧 발생하게 될, 그러나 피할 수 없는 고통을 엿보면서 느끼는 수치심과 같은 그런 수치심을 느꼈다. 그래서 나는 모든 것을 연기했다.

최근에 집에 다녀오는 도축업자를 만난 적이 있다. 그는 툴라로 돌아가던 중이었다. 그는 아직 서투른 도축업자였다. 그 사람의 일은 칼로 짐승을 도살하는 것이었다. 도살당하는 가축이 가엾지 않은지 나는 그에게 물었다. 그러자 그는 늘 하던 식으로 대답했다: "뭐가 가엾다는 건가요? 해야 할 일일 뿐이에요." 하지만 고기 섭취가 꼭 필요한 것은

---

06 러시아 정교회에서 기리는 성 삼위일체 축제. 부활절 이후 7주 후, 보통 50일을 전후한 일요일에 행해지며 정교회 구력에 따라 정확한 날짜는 해마다 유동적이다.(역주)

아니라고 내가 그에게 말했을 때 그는 고개를 끄덕였고 그는 그제서야 도축이 유감이라는 점에 동의했다. "어떻게 하겠어요, 먹고 살자고 하는 일인데…"라고 그는 말했다. "무엇보다 죽이는 것이 두렵지요. 아버지는 평생 닭 한 마리 죽이지 않았지요." 대부분의 러시아 사람들은 짐승을 잘 죽이지 못하고, 죽이는 것을 유감스러워하며 그러한 감정을 '두렵다'고 표현한다. 그 사람 역시 두려워했으나 곧 평정을 되찾았다. 그는 대부분의 작업은 금요일에 수행되며 금요일에는 일이 저녁때까지 계속된다고 내게 설명했다.

또한 최근에 나는 퇴역한 군인이자 도축업자인 사람과 얘기를 나눈 적이 있었다. 가축을 도살하는 것이 유감이라는 내 주장에 그는 놀라움을 표시했다. 그리고 늘 그랬던 것처럼 이것은 어쩔 수 없는 일이라고 말했다. 하지만 나중에 그는 다음과 같이 말하며 수긍했다. "특히 조용하고 온순하고 잘 길들여진 가축일 때는 유감이에요. 그 불쌍한 것은 인간을 믿는데 말이지요, 정말 불쌍해요."

한번은 모스끄바 교외를 걷고 있었는데 세르뿌호프시市에서 온 짐마차의 마부가 길에서 나를 태워 주었다. 그는 장작을 구하러 숲으로 가던 중이었다. 청명한 목요일이었다. 나는 마부와 함께 첫 번째 칸에 자리를 잡았다. 마부는 힘이 세고, 혈색이 좋으며 거친 사내였다. 그는 분명 술이 거나하게 취해 있었다.

　마을에 들어설 때 우리는 담장 밖으로 투실투실하고 불그레한 돼지를 도살하려고 끌고 가는 것을 보았다. 그 돼지는 날카로운 쇳소리를 내며 마치 인간의 비명 소리같이 절규하고 있었다. 마침 우리가 지나가던 순간에 사람들은 돼지를 도살하고 있었다. 그중 한 사람이 돼지의 대가리를 칼로 베어 냈다. 돼지는 더 크게 쇳소리를 냈고 그 소리는 귓청을 찢을 듯 했다. 돼지는 살집이 찢겨져 나가 피투성이가 된 채 달리기 시작했다.

　나는 근시여서 모든 것을 자세히 보지는 못했다. 나는 사람 피부처럼 불그레한 돼지 살집과 절규하는 쇳소리를 감지했을 뿐이다. 하지만 마부는 모든 것을 자세히 보았다. 그는 눈을 떼지 않은 채 도살 장소로 다가갔다. 사람들은 돼지를 잡은 다음 내리쳐서 쓰러뜨리고 자르기를 마쳤다. 돼지의 쇳소리가 잠잠해졌을 때 마부는 힘겹게 한숨을 내쉬었다. "인간이 이런 일을 하고도 어떻게 그냥 넘어갈 수 있는 건지 모르겠어요."라고 그가 말했다.

　살생에 대한 혐오는 모든 인간의 마음속에 강하게 박혀 있다. 그러나 몇몇 본보기, 인간을 고무시켜 주는 탐욕, 신께서 허락하셨다는 주장, 그리고 무엇보다도 습관 때문에 인간은 이 본연의 자연스러운 감정을 완전히 상실해 버렸다.

금요일에 나는 뚤라에 가서 선량한 지인을 만나 나와 함께 도살장에 가보자고 청했다.

"거기는 설비가 잘 갖춰졌다고 들었소. 보고는 싶지만 거기서 도축을 한다면 들어가지는 않겠소."

"아니, 왜요. 나는 바로 그것 때문에 보고 싶은데요. 고기가 있다면 도축은 당연한 일이잖아요."

"아니오, 아니오. 나는 그럴 수 없소."

이 사람이 사냥꾼이고 자신이 직접 새와 짐승을 죽인 적이 있다는 사실에 나는 적잖이 놀랐다.

아무튼 우리는 도살장에 도착했다. 현관에는 벌써 페인트나 아교에서 풍겨 나오는 불쾌하고 역겨운 썩은 냄새가 진동했다. 더 다가가면 갈수록 이 냄새는 더 강하게 났다. 붉은색 벽돌로 지어진 도살장 건물은 원형 아치와 커다란 굴뚝을 갖추었는데 상당히 큰 규모였다. 우리는 문으로 들어갔다. 오른쪽에 1/4 헥타르에 해당하는 울타리를 두른 마당이 있었는데, 돼지들을 팔기 위해 일주일에 이틀 내내 이 작은 광장으로 그것들을 몰아넣는다. 이 공간 끝에는 문지기의 집이 있었다. 왼쪽에는 둥근 문짝이 달린 방이 있었는데, 그 방은 아스팔트를 깔아 바닥을 만들었고, 도살된 가축의 몸통을 내걸고 이동시키기 용이하도록 설비를 갖추고 있었다. 그 집 한쪽 벽의 오른쪽에는 6명의 도축업자가 벤치에 앉아 피가 흥건한 앞치마를 두르고 소매를 걷어 올린 채 힘줄이 불거진 팔뚝에 호스로 물을 끼얹고 있었다. 그들은 마침 30분 전에 일을 끝냈기 때문에 이날 우리는 그저 텅 빈 방들만을 볼 수 있었다. 두 문짝이 모두 열려 있었지만 방 안에서는 뜨거운 피로 인한 불쾌한 냄새가 느껴졌고 바닥은 온통 갈색으로 윤기가 흐르고 있었으며, 움푹 패인 바닥에는 굳어진 검은 피가 남아 있었다.

도축업자 중 한 명이 어떻게 도축작업이 이뤄지는지 말해 주었고 작업이 행해지는 장소를 보여 주었다. 나는 그를 완전히 이해하지는 못했다. 그저 어떻게 도살하는지, 얼마나 자주 이 일이 벌어지는지에 관한 무서운 관념만을 얻었을 뿐이다. 그리고서 나는 눈앞에 있는 현실이 상상했던 것만큼 그렇게 엄청난 충격을 주지는 않는다고 생각했다. 하지만 이 점에 있어서 나는 틀렸다.

다음 번 내가 도살장을 방문했을 때는 마침 제시간에 맞추어 도착했다.

현관 쪽 거리에는 짐마차의 횡목과 수레의 채에 묶여 있는 황소와 암소, 암송아지들이 있었다. 산 채로 실려 머리를 흔들거나 축 늘어뜨린 송아지들을 선반에 실은 마차들이 다가와서 짐들을 내려놓기 시작했다. 그리고 이미 도살되어 비죽 튀어나온 채 흔들거리고 있는 황소의 몸통, 대가리, 선홍빛 폐와 갈색 빛의 간을 선반에 실은 마차들이 또한 도살장으로부터 멀어지고 있었다.

담장 옆에는 가축 상인들이 타고 다니는 말들이 있었다. 긴 프록코트 차림의 가축 상인들은 채찍과 회초리를 손에 든 채 가축에 칠해진 식별용 타르 상태를 보거나 값을 흥정하고 있었고, 혹은 광장에서부터 도축 작업이 벌어지는 바로 그 방이 있는 울타리 안으로 황소나 거세한 황소를 이동시키는 것을 감독하면서 담장을 거닐고 있었다. 이런 사람들은 분명히 금전 거래나 계산에만 몰두해 있는 사람들이어서, 이 동물들을 죽이는 것이 좋은 일인지 나쁜 일인지에 관한 생각은 마치 도축이 이뤄지는 방바닥을 더럽힌 피의 화학적 구성이 어떻게 되는지에 관한 생각처럼 그들과는 거리가 먼 일이다.

마당에는 한 명의 도축업자도 보이지 않았다. 도축업자들은 모두 실내에서 작업을 하고 있었다. 이날 거세한 황소 백여 마리가 도축됐다. 나는 방으로 들어가서 문 옆에서 멈춰 섰다. 방 안은 이리저리 움직이는 고기 덩어리들로 인해 비좁았기 때문이며, 아래쪽에는 피가 흐르고 있었고 위에서는 피가 계속 떨어지고 있었기 때문에 나는 멈춰서고 말았다. 이곳에 있는 모든 도축업자들은 피로 더럽혀져 있었다. 내가 방 한가운데로 들어간다면 필경 피로 물들 게 분명했다.

위에 내걸린 고깃덩어리를 내렸고 다른 고깃덩어리를 문 쪽으로 이동시켰다. 세 번째 도축된 황소가 거꾸로 놓였다. 한 도축업자가 주먹으로 세게 쳐서 늘어진 짐승 가죽 묶음을 풀었다.

내가 서있는 곳에서 정면으로 바라다 보이는 문을 통해 크고 불그스름하고 살집이 좋은 황소 한 마리가 끌려 들어왔다. 황소를 끌고 들어온 사람은 두 남자였다.

문을 통해 들어오기가 무섭게 도축업자가 칼로 모가지를 내리쳤다. 황소는 갑자기 사지에 힘이 쭉 빠진 듯이 쿵하고 주저앉았다. 그러더니 즉시 한쪽으로 벌렁 뒤집어져 엉덩이와 다리를 버둥거리기 시작했다. 또 다른 도축업자가 경련을 일으키는 다리 반대편으로 달려들어 뿔을 휘어잡고는 대가리를 바닥에 고정시켰다. 다른 도축업자가 칼로 목을 베었다. 대가리 아래로 검붉은 피가 솟구쳐 흐르자 피를 뒤집어쓴 남자아이가 양철통에 피를 받았다. 그동안 내내 황소는 마치 일어나고 싶기라도 하듯이 대가리에 경련을 일으켰고 네 다리를 버둥거렸다. 양철통은 쉽게 가득 찼지만 황소는 아직도 숨이 끊어지지 않았다. 황소의 배가 하도 무겁게 출렁대고 사지가 격렬하게 요동치는 바람에 도축업자들은 물러서 있어야만 했다. 통이 다 차자 소년은 그걸 머리에 이고 알부민 공장으로 가져갔다. 그동안 다른 소년이 새 통을 갖다 대었다. 새 통 역시 금방 가득 찼다. 그러나 여전히 황소는 숨을 헐떡였고 다리는 경련을 일으키고 있었다. 피가 흐름을 멈추자 도축업자는 대가리를 들어 올려 가죽을 벗기기 시작했다. 황소는 계속 꿈틀거렸다. 가죽이 벗겨진 황소 대가리는 흰색 정맥이 드러난 핏덩이였다. 가죽을 양 옆에 드리운 채 대가리는 그대로 있었지만 몸통은 계속 움직였다. 그러자 다른 도축업자가 한쪽 다리를 붙잡고 부러뜨린 후 칼로 잘라냈다. 남아 있는 다리와 몸통에서는 계속해서 경련이 일고 있었다. 다른 다리들도 잘라져 황소의 남은 부분들과 함께 한쪽으로 던져졌다. 고깃덩어리는 끌려가 매달렸다. 그제야 경련이 그쳤다.

그렇게 문에서 두 번째, 세 번째 황소를 지켜보았다. 모든 것이 다 똑같았다. 다들 똑같이 엉덩이를 흔들고 이를 악문 상태에서 대가리가 잘려 나갔다. 황소가 맞는 바로 그 부분을 도축업자가 늘 제대로 명중시키는 것은 아니었다는 것이 차이라면 차이였다. 도축업자가 잘못 내리칠 경우에는 황소는 몸을 치켜세우고 울부짖었고, 피투성이가 되어 찢겨 나갔다. 그러면 업자는 장방형 각재 우리로 황소를 끌어당겼다. 다시 한번 내리치자 황소는 쓰러졌다.

나는 그 다음에 황소들을 끌고 왔던 그 문 옆을 지나갔다. 여기서 나는 똑같은 광경을 보다 가깝게, 더 분명하게 볼 수 있었다. 나는 무엇으로 황소들을 저쪽 문으로 들어가게끔 하는지 첫 번째 문에서 보지 못했던 것을 여기서 보았다. 매번 가축우리에서 황소를 끌고 나올 때마다 앞쪽에서 뿔을 결박한 상태에서 황소를 잡아당겼다. 황소는 피를 예감하면서 버텼고, 가끔씩 울부짖으며 뒷걸음질을 쳤다. 두 사람의 힘으로 황소를 끌 수 없게 되자 매번 도축업자 중 한 명이 뒤로 가서 황소의 꼬리를 잡아 꺾으면서 돌려 감았다. 그러자 황소 꼬리의 연골이 찢어지는 소리가 났고 황소는 여러 차례 몸부림을 쳤다.

그들은 황소들을 그렇게 도살했고, 다른 가축을 잡으러 다시 갔다. 이쪽 무리에 속한 첫 번째 가축은 거세하지 않은 황소였다. 순수한 혈통을 가진 훌륭한 검은색 황소였는데, 흰 반점이 있으며 전반적으로 젊고 힘 있는 근육질의 짐승이었다. 황소를 잡아당겼다. 황소는 대가리를 아래로 떨구고 완강히 버텼다. 그러나 한 도축업자가 뒤로 가서 마치 운전사가 경적 손잡이를 잡듯이 꼬리를 잡아채고는 비틀어 버리자 연골이 부서졌고, 황소는 밧줄로 끌고 온 사람들을 쳐서 쓰러뜨리면서 앞으로 내달리기 시작했다. 그리고는 흰자위에 피가 고인 채 검은 눈동자로 곁눈질하면서 다시 버텼다. 하지만 다시 꼬리가 찢어지는 소리가 들렸고 황소도 갑자기 달리기 시작했다. 하지만 황소가 그렇게 내달은 곳은 녀석이 있었어야 할 바로 그 장소였다. 도축업자는 다가가서 조준을 한 뒤 내리쳤다. 제대로 맞히지 못했다. 황소는 조금 뛰어오르더니 고개를 흔들었고 울부짖었다. 그리고 온통 피투성이가 된 채 뿌리치고 도망치다가 앞으로 돌진했다. 문 쪽에 있던 사람들 모두가 비켜섰다. 하지만 이에 익숙한 도축업자는 대담하고 노련하게 확실히 밧줄을 잡은 다음 다시 꼬리를 잡았고 다시 황소는 방으로 끌려왔다. 거기서 황소 대가리를 잡고 녀석을 장방형 각재 우리 쪽으로 끌어당기자 그곳에서는 더 이상 도망을 칠 수가 없었다. 도축업자는 털이 사방으로 쭈뼛쭈뼛 흩어져 흡사 별모양처럼 된 정수리 지점을 정확히 겨냥했다. 그리고 피투성이가 된 황소를 보고도 다시 가격했다. 이 가축의 기막힌 일생이 그렇게 막을 내렸다. 피를 내뿜고 가죽을 벗기고 내장이 제거될 때까지 대가리, 다리를 부딪히며 온 몸을 떨고 있었다.

"이것 봐라, 제기랄, 엉뚱한 곳에 자빠졌군." 도축업자가 대가리 가죽을 잘라내면서 중얼거렸다.

5분이 흐르자 생기 없는 눈동자를 한 대가리가 가죽이 벗겨진 채 더 이상 검은 색이 아니라 붉은 빛을 띠며 모습을 드러냈다. 불과 5분 전만 하더라도 그렇게 아름답게 빛나던 눈동자는 온데간데없었다.

다음에 나는 작은 가축들을 절단하고 있는 곳으로 갔다.

아스팔트 바닥이 깔린 매우 크고 긴 방에는 등받이를 갖춘 테이블이 있었는데 그곳에서는 양과 송아지들을 절단하고 있었다. 여기서는 이내 작업이 끝났다. 피 냄새가 배인 기다란 방에는 단지 두 명의 도축업자만이 있었다. 한 사람은 이미 도축된 양의 다리에 바람을 넣어 피가 빠지게 하고 있었고, 부풀어 오른 배를 이따금 손바닥으로 두드리고 있었다. 핏방울이 잔뜩 튄 앞치마를 두른 작은 체구의 젊은 도축업자는 담배를 말아 피우고 있었다. 참기 힘들 정도로 고통스런 냄새가 배어 있는 이 어둡고 기다란 방에는 더 이상 아무도 없었다. 겉으로 보아 퇴역 군인인 듯한 사람이 내 뒤를 따라왔다. 그는 다리가 묶인 채 목에 식별 표시를 한 검은색 양 한 마리를 가져왔고 테이블 중 한 군데 침상에 정확히 내려놓았다. 분명히 안면이 있는 듯한 퇴역 군인은 인사를 한 뒤, 언제 주인이 휴가를 내주는지를 물어보았다. 담배를 피우던 작은 체구의 도축업자는 칼을 든 채 테이블 끝에 양을 바로 놓고는 명절 때마다 휴가를 간다고 대답했다.

살아 있는 양은 마치 죽은 것처럼 조용히 놓여 있었다. 평소보다 자주, 그저 짧은 꼬리를 흔들기만 하면서 배로 호흡하고 있었다. 퇴역 군인은 고개를 쳐든 양을 지긋이 눌렀다. 작은 체구의 도축업자는 얘기를 계속하면서 왼손으로 양의 고개를 잡고는 목을 베어 버렸다. 양은 발버둥쳤고 꼬리는 팽팽하게 긴장하여 흔들기를 멈췄다. 작은 체구의 도축업자는 피가 흘러나오길 기다리면서 불 꺼진 담배에 불을 붙이기 시작했다. 피가 쏟아졌고 양은 경련을 일으키기 시작했다. 대화는 조금도 쉼 없이 계속되었다.

매일 얼마나 많은 주방에서 닭과 병아리들이 대가리가 잘린 채 피투성이가 되어 우스꽝스럽고, 또 무섭게 날갯짓을 하면서 뛰어오르고 있을지 상상조차 할 수 없다.

자신의 행동을 전적으로 확신하면서 두 가지 상호 배타적인 상황을 강조하고 있는 귀부인이 있다. 우아하고 세련된 그 귀부인이 이 짐승들의 시체를 먹어 치우는 장면을 한번 보라. 귀부인은 너무도 예민하고 까다로운 나머지 어떠한 채식도 견뎌낼 수 없다는 것이 첫 번째 상황이다. 이 점은 그녀의 의사도 확신하고 있는 부분이다. 그녀의 연약한 신체 기관을 위해서 고기는 없어서는 안 될 음식이라는 것이다. 또한 귀부인은 너무 민감한 성격을 가진 탓에 자신이 직접 동물들에게 고통을 입힐 수 없을 뿐만 아니라 동물들 생김새를 바라보는 것조차 참기 힘들어 한다. 이것이 두 번째 상황이다.

하지만 그 귀부인은 인간이 먹기에는 부자연스러운 그런 음식을 먹도록 교육받았기 때문에 연약한 것이다. 또한 그녀는 죽은 동물의 고기를 게걸스럽게 먹고 있기 때문에 동물들에게 고통을 끼치지 않을 수 없다.

10

우리는 이것을 모르는 척해서는 안 된다. 우리는 타조가 아니다. 그러니 보지 않으면 보고 싶지 않은 것은 없어질 것이라고 믿을 수는 없다. 이는 특히 우리가 보고 싶지 않은 것이 우리가 먹고 싶은 것일 때 더욱 그러하다. 만일 육식이 진정 불가피한 것이라면, 아니 불가피하지는 않더라도 최소한 유용한 것이라면 그건 또 다른 얘기다. 그러나 그것은 아무것에도 유용하지 않다.[07] 그것은 짐승 같은 감정을 유발시키고 욕망을 자극하며 욕정과 만취를 초래할 뿐이다. 이는 젊고 순수하고 선량한 사람들, 특히 부인들과 아가씨들이 덕행과 비프스테이크가 양립할 수 없다는 것을 논리적으로

---

07 이 점에 대해 의문을 품는 사람들에겐 인간의 영양 섭취에 있어 고기가 필요한 것이 아니라는 사실을 수많은 학자들과 의사들이 증명하고 있는 많은 관련 서적들을 읽어 보라고 권하고 싶다. 우리의 선조들이 오래도록 고기의 유용성을 인지해 왔다는 점 때문에 육식의 필요성을 옹호하는 구습에 젖어 있는 의사들 조언은 듣지 말 것을 충고한다. 그들 자신이 완고하고 호의를 베풀 줄 모르면서 낡고 시대에 뒤떨어진 것만을 옹호하듯이 자신의 의견만을 주장하고 있을 뿐이다.

간파하지 못하면서도 선하게 살기로 작정하는 순간 곧바로 육식을 포기한다는 점으로도 꾸준히 증명되는 사실이다.

나는 도대체 무엇을 말하고 싶은 것인가? 도덕적인 사람이 되기 위해서 육식을 중단해야만 한다는 것인가? 이는 절대 아니다.

나는 올바른 삶을 영위하기 위한 바른 행동에는 일정한 순서가 필요하다는 점을 말하고 싶었다. 만약 올바른 삶을 향한 시도가 진지하다면 순서에 따라 행동하는 것은 불가피한 것이 된다. 이 순서에 따르면, 인간이 추구하는 첫 번째 덕행은 절제와 극기가 될 것이다. 그리고 절제를 원하는 사람은 불가피하게 순서를 따를 것인 바, 이 순서에 의하자면 첫 번째 덕행은 또 음식에서의 절제, 즉 절식이 될 것이다. 그리고 음식의 절제를 통해 진정 올바른 삶을 살고자 하는 사람은 우선적으로 육식의 자제를 실행할 것이다. 왜냐하면 육식은 불필요한 정욕을 불러일으킬 뿐만 아니라 아주 부도덕하기 때문이다. 왜 부도덕하냐 하면, 그것은 도덕적 감정에 위배되는 행위 즉 살생을 수반하기 때문이며 순전히 탐욕과 맛난 음식에 대한 욕망에 의해 촉구되기 때문이다.

육식의 자제가 왜 절식의 첫걸음이자 도덕적인 삶의 첫걸음인가 하는 것은 인류가 존재해온 오랜 기간 동안 무수한 사람들에 의해 설명되어 왔다. 그렇다면 육식이 갖는 비도덕성이 그렇게 오래전부터 사람들에게 알려졌는데도 불구하고 사람들은 왜 여태껏 육식을 자제하는 법을 제대로 알지 못하고 있는가? 자신의 이성보다는 사회의 일반적인 의견에 지배당하기 쉬운 사람들은 이와 같이 묻는다. 그 질문에 대한 답은 이렇다. 인간의 도덕적인 진보—그것은 모든 다른 종류의 진보에 근간이 된다—는 언제나 천천히 이루어진다. 그러나 진정한 진보, 그러니까 그냥 우연히 일어나는 그런 진보가 아닌 정말로 참된 그런 진보의 표징은 지속성과 꾸준히 진행되는 가속화에 있다.

채식주의자들의 진보도 바로 그렇다. 그것은 앞에서 언급했던 책[08]에 나오는 여러 저술가들의 말 속에서, 그리고 인류의 삶 바로 그 자체 속에서 표현되고 있다. 사람들은 의식적으로 그리고 무의식적으로 점점 더 육식보다는 채식을 선호하는 방향으로 나아가고 있다. 그리고 채식주의는 점점 더 가열차게 영향력을 확대해 나가고 있다. 채식주의 운동은 지난 10년 동안 꾸준히 전개되어 왔다. 해마다 점점 더 많은 책과 잡지들이 채식주의를 다루고 있다. 육식을 중단한 사람들을 점점 더 쉽게 만날 수 있다. 외국, 특히 독일, 영국, 미국에서도 채식을 권장하는 호텔과 식당이 증가하고 있다.

---

08 『다이어트의 윤리』

이 땅에서 신의 왕국 건설을 추구하는 것으로 살아가는 사람들에게 이러한 운동은 특별한 기쁨을 줄 것이다. 채식주의 그 자체가 신의 왕국을 향한 중요한 행보(진실된 모든 행보는 중요하기도 하고 중요하지 않기도 하다)이기 때문이 아니라, 채식주의는 인간이 도덕적 완성을 신중하고도 성실하게 추구해 나간다는 신호이기 때문이다. 왜냐하면 채식주의는 첫걸음부터 시작되는, 변치 않는 만물의 순서를 지켜 나가기 때문이다.

 바로 이 점에서 우리는 기뻐하지 않을 수가 없다. 이건 마치 집의 꼭대기 층에 오르려고 여러 지점에서 헛되고 무질서하게 담벼락을 기어오르던 사람들이 마침내 층계에 모여 맨 첫 번째 계단을 밟을 때 느끼는 기쁨과도 같다. 그들은 이제 깨달은 것이다. 첫 번째 계단을 밟지 않고 꼭대기 층에 오를 수 있는 방법은 없다는 것을.

작품 해설
김종민

술이라는 악마를 선택할 것인가
―저술에서 인쇄까지

똘스또이는 I. 고르부노프-뽀사도프[09]가 창간한 『마을 달력』지誌를 위해 「하느님이냐 재물이냐」는 글을 썼다. 똘스또이는 1896년 3월 17일에 처음으로 이 글쓰기를 시작한다. 1896년 3월 23일에 똘스또이는 "이반 이바노비치 고르부노프-뽀사도프의 『달력』에 음주에 관한 자그마한 글을 조금 썼다. 나는 그 사람을 돕고 싶고, 음주에 대해서 말하고 싶은 것도 있다. 하지만 글은 아직까지 그리 잘 써진 것 같진 않다."라고 딸 마리야 르보브나에게 이 글쓰기에 대해 알린다.

1896년 4월 1일 글은 완성되었고 똘스또이는 인쇄를 위해 고르부노프-뽀사도프에게 글을 발송했다. 하지만 검열 문제로 인해 『달력』에 곧바로 게재되지는 못했으나, 똘스또이의 글이 바로 그 시기에 씌어졌다는 똘스또이의 확인을 고르부노프-뽀사도프가 받는다는 조건하에 독립된 출판 형태로 인쇄할 수 있도록 허가가 났다. 검열 위원회의 공지 사

09　I. 고르부노프-뽀사도프(1864-1940). 시인이자 산문작가, 출판인. 1884년부터 똘스또이의 열렬한 추종자가 되어 『중재자』지誌 편찬 작업에 활발히 참여하였고 1897년부터 편집장을 맡아 활동했다.

항에 따르면 똘스또이의 글이 오래전에 이미 쓰여서 게재가 불허된 것이었다는 게 이유였다.

이에 대해 고르부노프-뽀사도프는 1896년 6월 8일자 편지에서 똘스또이에게 그의 글이 특별히 『마을 달력』지誌를 위해 씌어진 것이 틀림없다는 것을 확인해줄 것을 요청했고, 검열 기관에서 제목을 갖고 트집을 잡을 것을 우려해 제목을 보다 세속적인 것으로 바꿔줄 것을 요청한다.

1896년 6월 9일자 편지에서 똘스또이는 고르부노프-뽀사도프의 첫 번째 요청 사항을 별도의 종이에 써서 확인시켜 주었고, 두 번째 요청 사항에 대해서는 "만약 제목이 정 마음에 들지 않는다면 '음주 혹은 금주에 대하여'라는 제목을 바꾸든가 그 밖의 아무것이나 고안해서 제목을 스스로 지으시오. 나는 아무래도 상관없소."라고 말한다.

이렇게 해서 똘스또이의 글은 「하느님이냐 재물이냐」라는 제목으로 처음 인쇄되었다. 1896년 6월 12일 모스끄바에서 검열을 통과했다.

번역대본으로는 Л.Н. Толстой, Полное собрание сочинений в 90 т., Т. 39 (М., 1992: Репринтное воспроизведение издания 1928-1958 гг.)를 사용했으며 원제는 「하느님이냐 재물이냐(Богу или мамоне)」이다.

왜 스스로를 마취시키는가
-저술에서 인쇄까지

1887년부터 똘스또이는 알콜 중독과의 싸움에 대한 문제에 관심을 갖기 시작하여, 그해에 '음주에 반대하는 친목회'라고 똘스또이가 명명한 금주회가 결성되었다. 다음 해인 1888년에는 「음주에 반대하는 두 편의 글」-「젊은이들에게」와 「정신을 차릴 때」가 출판되기도 했다. 다음 해인 1889년에는 이 문제에 관해 F. 쮈또프가 음주에 대해 쓴 「계몽 축제」라는 글이 출간되었고, 음주와의 싸움에 관한 문제에 관심을 갖고 있던 똘스또이는 그와 서한을 주고받기도 했다.

「왜 스스로를 마취시키는가」와 관련된 똘스또이의 첫 번째 메모는 1890년 1월 16일에 처음 발견된다. "두 개의 서문을 써야 한다. 하나는 무도회에 대한 것, 나머지 하나는 알렉세예프에 대한 것이다." 여기서 '알렉세예프에 대한 서문'은 나중에 「왜 스스로를 마취시키는가」로 불려지게 되었다. 이 글은 P. 알렉세예프[10]가 『음주에 관하여』라는 책의 서문에

---

10 의사 P.S. 알렉세예프(1849-1913). 동東시베리아 치따시市의 의료 부감독관이었으며 그후 평생을 리가市에서 같은 직책으로 일함. 『음주와의 싸움에서의 성공』, 『독한 술의 해악』, 『와인과 건강』, 『알코올중독의 치료』 등 음주에 관한 다수의 책을 남겼다.

등장했다. 하지만 똘스또이가 서문을 쓰려는 생각을 실행에 옮긴 것은 거의 4개월이 지나서였다. 1890년 4월 9일 똘스또이는 S. 라친스끼에게 보내는 편지에서 "나에게 알렉세예프 의사가 쓴 괜찮은 글이 하나 있소. 음주와의 싸움에 대한 글이오.; 나는 그 글의 서문을 쓰고 싶소. 분명히 이 글은 식자識者층을 위한 것이오. 하지만 소위 배운 사람들이라는 이런 계층 사람들은 이 음주 문제에 관한 한 그다지 교육을 받지 못한 것 같소."라고 밝히고 있다. 4월 10일에 생각해 두었던 이 글에 착수하는데, 4월 13일자 일기에서 똘스또이는 "사흘째 마취제에 대해 썼다. 나쁘지 않다."고 적고 있다. 이것 외에 그의 일기에서는 5월 1일까지 "음주에 관한 글을 썼고, 끝냈다."라는 언급 외에 다른 언급은 찾아볼 수 없다. 똘스또이의 글에서 자주 볼 수 있는 이 '끝냈다'라는 표현은 글의 초고가 대략적으로 완성되었다는 것을 의미했다. 그것은 글에 대한 작업이 모두 종료된 것이 아니며, 앞으로 있을 수많은 교정과 퇴고를 의미하는 것이기도 했다.

일기 메모에 따르면 5월 3일에 똘스또이는 이미 글을 수정하기 시작했다. 이는 딸 마리야가 만든 책의 표지에 '복사본'임이 기록되어 있기에 추정 가능했다. 5월 5일에 똘스또이는 음주에 관한 글에 다음 세 가지 주석을 달아 놓고 있다: 첫째, 사람은 앞으로 나아가기 위해서 무엇인가 어려운 일을 결정해야만 한다. 밝게 비출 수 있어야 한다. 그런데 여기서 사람은 마취제로 자신을 흐릿하게 만들어 버리고 있다. 둘째, 사람은 곤경에 처했을 때 어딘가에 의지하면서도 쉽사리 결정을 내리지 못한다. 앞으로 나아가기 위해서는 무엇이든지 명확히 할 필요가 있다. 그런데도 사람들은 애매한 태도만 취한다. 셋째, 날카롭고 예민한 것이 필요하지만 사람들은 그것을 밀어 넘어뜨리곤 한다. 똘스또이가 인식하고 있는 음주의 폐단을 단적으로 보여 주는 부분이라고 볼 수 있다.

5월 18일에 똘스또이는 자신의 글을 열거하면서 음주에 관한 글의 서문을 수정하기 시작했음을 언급한다.(5월 14일에 딸 마리야가 그의 글을 정서하기 시작했다.) 5월 19일에 똘스또이는 "서문을 약간 수정했다. 2부에서 일을 멈추었다. 전부 다시 해야 한다. 테마가 아주 중요한 문제다. 저녁에만 썼다."라고 적고 있다. 이어 5월 21일자 일기에는 "서문을 조금 수정했다." 22일에는 "서문에 대한 작업을 다시 했다.", 23일에는 "조금 손을 보았다."고 적고 있으며, 25일에는 다시 "마취제에 대해 조금 수정했다."고 쓰고 있다. 28일에는 "음주에 관한 글을 또 수정했다."고 적고 있고, 29일에는 "조금 더 썼다."고 일기에 적고 있다. 5월 30일에는 "쓰기 위해 자리에 앉았다." 하지만 사람들이 방해를 했다고 쓴 부분을 확인할 수 있으며, 5월 31일에는 "조금 글을 썼다."고 적고 있다. 6월 4일자 일기에서 똘스또이는 다시 "썼고", 6월 5일에 "글을 끝냈다." 6월 8일에 이미 수정된 것을 조금 다시 수정했고 6월 10일에 "다시 수정했다."고 기록하고 있다. 이 "수정했다."는 메모는 6월 11일에도 찾아볼 수 있는데, 이 메모가 우리가 확인할 수 있는 마지막 메모였다. 의심할 여지없이 이 메모는 「왜 스스로를 마취시키는가」에 대한 것이었다.

똘스또이는 6월 13일에 교정본을 받아볼 수 있었고, "빅또르 알렉산드로비치 골리쩨프[11]로부터 글을 받았다. 조금 덧붙여야 한다." 그리고 다음 날 6월 14일에 "써야 하는 글 때문에 책상에 앉는다."라고 같은 날 일기에 적고 있다. 같은 날인 14일에 "모든 교정을 수정했다. 결론만 내지 못했다"라고 기록하고 있으며, 6월 19일에는 "금주에 대해서 약간 썼다."고 적는다. 다시 덧붙여 쓴 것이다.

교정을 발송하면서 똘스또이는 골리쩨프에게 "친애하는 빅또르 알렉산드로비치, 수정된 서문을 보냅니다. 어느 인쇄소인지는 모르지만 곧장 인쇄소로 보낼 걸 당신에게 괜히 폐를 끼친 건 아닌지 모르겠습니다. 수정한 것을 인쇄소로

---

[11] V.A. 골리쩨프(1850-1906). 작가이자 동시에 『러시아 사상』지誌 편집장. 앞서 기술한 의사 P. 알렉세예프의 책도 이 잡지에서 발행되었다.

보내고 인쇄된 글 2부를 보내줄 것을 부탁드립니다. 아울러 책 전체 내용 중 금기시될 만한 것이 있는지, 있다면 삭제해 주실 것을 요청합니다. 언제쯤 책이 나올 수 있을지 알려 주시구요. 별도의 소책자로 서문을 인쇄할 수는 없는지요?"라고 편지를 쓴다.

8월 6일에 똘스또이는 동일한 교정을 다시 읽은 후 마음에 들지 않은 부분을 삭제해야겠다는 뜻을 골리쩨프에게 전달한다. 하지만 똘스또이에 의해 수정된 교정쇄가 존재하지 않기 때문에 「왜 스스로를 마취시키는가」 중 어떤 부분이 삭제되었는지는 알 수 없다.

똘스또이의 이 글은 런던에 있는 잡지사였던 'Contemporary Review'에서 「Wine Drinking and Tobacco Smoking」이라는 제목으로 처음 영문 번역되었다. 원문 텍스트에 따른 글은 P. 알렉세예프 의사의 『음주에 관하여』 책 서문 형태로 출판되었는데, 『러시아 사상』誌에서 편찬된 「왜 스스로를 마취시키는가」를 제목으로 하고 있다. 출판일자는 1890년 6월 10일로 되어 있다. 똘스또이의 이 글은 곧이어 『중재자』誌에 별도의 소책자로도 인쇄되었고, 13부로 된 『똘스또이 선집』으로도 재출간되었다.

번역대본으로는 Л.Н. Толстой, Полное собрание сочинений в 90 т., Т. 27 (М., 1992: Репринтное воспроизведение издания 1928-1958 гг.)를 사용했으며 원제는 「사람들은 왜 스스로를 마취시키는가(Для чего люди одурманиваются?)」이다.

첫걸음
―신념을 절대화시키는 똘스또이의 실천윤리 강령

똘스또이는 19세기 영국의 인문주의자였던 하워드 윌리엄스가 쓴 『다이어트의 윤리(The Ethics of Diet)』라는 채식주의에 관한 서적을 읽고 감명을 받은 후 그 책의 번역본 서문으로 「첫걸음」이라는 글을 남긴다. 『전쟁과 평화』, 『안나 까레니나』 등을 위시해 수많은 문학작품 및 논문, 수필, 편지, 일기 등을 포함, 90권이 넘는 전집을 남긴 똘스또이는 한 번역본의 서문용으로만 수십여 페이지에 달하는 글을 씀으로써 대문호다운 필력을 유감없이 발휘한다.

인간의 잘못된 식습관을 지적하는 각종 훈계성 지침 및 음식과 관련된 여러 건강 상식은 이제 주변에서 흔히 접할 수 있어서 새삼 새로울 것이 없는 게 사실이다. 고대 로마의 철학자 세네카는 '인간은 자신의 칼과 포크로 자신의 몸을 상하게 해서 죽는다. 따라서 인간의 죽음은 자살이다'라는 말을 남겼다. 음식에 대한 탐욕, 무분별한 과식이 인간을 서서히 죽음으로 내몬다는 뜻으로, 과식에 대한 심각성을 경고한 이천여 년 전의 글이었다. 물론 그 이전에도 있었고, 그 후로 지금까지도 과식 및 육식의 폐단이나 채식의 중요성은 끊임없이 지적되어 왔다. 하지만 자제력을 상실하고 끝없는 탐욕에 물들어 이같이 수많은 경고를 계속해서 무시한 채 살아온 것이 우리 인간이었다. 이런 우리들에게 똘스또이는 「첫걸음」이라는 글을 갖고 찾아온다. 「첫걸음」은 그동안 우리에게 알려지지 않은 글이라는 점과 음식에 관한 기존의 글들과는 확연히 다른 차별성을 지니고 있다는 점에서 그 의의를 찾을 수 있다.

똘스또이는 1890년 5월 11일자 일기에 '다이어트는 누구에게나 필요하다. 먹는 것에 대한 책은 반드시 필요하다.'라고 적으면서 「첫걸음」의 밑바탕이 되는 생각을 처음으로 언급한다. 같은 의견을 다음 달인 6월 25일자 일기에서도 밝히고 있다. '더 생각해 보았다. 지나친 과식에 대해 글을 써야겠다. 벨사차르의 향연… 만남, 이별, 축제. 사람들은 여러 가지 다양하고 중요한 일들 때문에 바쁘다고 생각한다. 하지만 사실은 지나치게 많이 먹는 문제 때문에 바쁜 것뿐이다.'

똘스또이는 하워드 윌리엄스가 쓴 『다이어트의 윤리(1883, 런던)』라는 채식주의에 관한 책을 1891년 4월 체르뜨꼬프[12]로부터 받게 된다. 체르뜨꼬프에게 보내는 1891년 4월 29일자 편지에서 똘스또이는 이 책을 훌륭하고 꼭 필요한 책이라고

---

12 V.G. 체르뜨꼬프(1854-1936). 똘스또이가 신뢰하는 가까운 친구이자 출판가, 사회운동가. 똘스또이 사상을 전파, 확산시키는데 많은 공헌을 했으며 그의 작품들 다수를 출판했다.

말하면서 서문을 쓰고 싶다는 뜻을 밝힌다. 체르뜨꼬프가 이 책에 대한 번역을 요청했던 것이 분명해 보이지만 똘스또이는 자신의 딸들이 이것을 번역할 수 없음을 알린다. 하지만 나중에 다른 편지를 통해 똘스또이는 집안 식구들이 번역에 착수했다고 말하면서 그 자신이 번역 일을 돕고 있다고 밝힌다. 1891년 5월 7일 야스나야 뽈랴나에서 아내에게 딸 마리야 르보브나가 책 번역을 잘하고 있다고 적고 있다.

「첫걸음」은 단순히 과식의 폐해를 지적하는 한두 마디의 경고가 아니다. 똘스또이는 해박한 의학 지식을 전달함으로써 우리의 그릇된 식생활을 계도하지도 않는다. 육식을 금하고 채식을 옹호하고 있지만 정작 권장할 만한 채식 요리법에 대한 구체적인 언급 또한 찾아보기 힘들다. 하지만 「첫걸음」은 무분별한 과음, 과식으로 인한 결과를 여실히 보여주는 그 어떤 수치나 일목요연한 그래프보다도 훨씬 더 강력한 메시지를 독자들에게 전달한다. 대표적인 부분이 바로 도축 장면에 대한 묘사이다. 서문을 위한 자료를 수집하면서 똘스또이는 1891년 6월 6일에 뚤라시市의 도살장을 방문했고 거기서 가축을 도축하는 것을 목격한다. 여기서 받은 인상에 대해 그는 다음 날 일기를 적었고, 그후 이것을 「첫걸음」에서 자세히 서술한다.

두 남자가 황소를 끌어왔다. 문을 통해 들어오기가 무섭게 도축업자가 칼로 모가지를 내리쳤다. 황소는 갑자기 사지에 힘이 쭉 빠진 듯이 쿵하고 주저앉았다. 그러더니 즉시 한쪽으로 벌렁 뒤집어져 엉덩이와 다리를 버둥거리기 시작했다. 또 다른 도축업자가 경련을 일으키는 다리 반대편으로 달려들어 뿔을 휘어잡고는 대가리를 바닥에 고정시켰다. 다른 도축업자가 칼로 목을 베었다. 대가리 아래로 검붉은 피가 솟구쳐 흐르자 피를 뒤집어쓴 남자아이가 양철통에 피를 받았다. (…) 피가 흐름을 멈추자 도축업자는 대가리를 들어 올려 가죽을 벗기기 시작했다. 황소는 계속 꿈틀거렸다. 가죽이 벗겨진 황소 대가리는 흰색 정맥이 드러난 핏덩이였다. 가죽을 양 옆에 드리운 채 대가리는 그대로 있었지만 몸통은 계속 움직였다. 그러자 다른 도축업자가 한쪽 다리를 붙잡고 부러뜨린 후 칼로 잘라냈다. 남아 있는 다리와 몸통에서는 계속해서 경련이 일고 있었다. 다른 다리들도 잘라져 황소의 남은 부분들과 함께 한 켠으로 던져졌다. 고깃덩어리는 끌려가 매달렸다. 그제야 경련이 그쳤다.

똘스또이는 도살장에서 이 장면을 직접 목격한 후 우리에게 이 글을 남겼지만 후대의 우리는 그의 글을 읽으면서 똘스또이가 당시에 그랬듯이 도살장 한가운데에 서있는 듯한 충격을 받는다. 실로 몸서리쳐지는 장면이 아닐 수 없다. 똘스또이는 이 한 번의 묘사에 그치지 않고 계속해서 다른 황소의 도살 장면을 묘사한다.

> 황소를 잡아당겼다. 황소는 대가리를 아래로 떨구고 완강히 버텼다. 그러나 한 도축업자가 뒤로 가서 마치 운전사가 경적 손잡이를 잡듯이 꼬리를 잡아채고는 비틀어 버리자 연골이 부서졌고, 황소는 밧줄로 끌고 온 사람들을 쳐서 쓰러뜨리면서 앞으로 내달리기 시작했다. 그리고는 흰자위에 피가 고인 채 검은 눈동자로 곁눈질하면서 다시 버텼다. 하지만 다시 꼬리가 찢어지는 소리가 들렸고 황소도 갑자기 달리기 시작했다. 하지만 황소가 그렇게 내달은 곳은 녀석이 있었어야 할 바로 그 장소였다. 도축업자는 다가가서 조준을 한 뒤 내리쳤다. 제대로 맞히지 못했다. 황소는 조금 뛰어오르더니 고개를 흔들었고 울부짖었다. (…) 도축업자는 털이 사방으로 쭈뼛쭈뼛 흩어져 흡사 별 모양처럼 된 정수리 지점을 정확히 겨냥했다. 그리고 피투성이가 된 황소를 보고도 다시 가격했다. 이 가축의 기막힌 일생이 그렇게 막을 내렸다. 피를 내뿜고 가죽을 벗기고 내장이 제거될 때까지 대가리, 다리를 부딪히며 온 몸을 떨고 있었다.

똘스또이는 도축장을 방문한 후 약 3주가 흐른 뒤인 1891년 6월 25일 「첫걸음」이라는 제목으로 채식에 관한 글을 쓰기 시작했다. 이날 일기에 그는 다음과 같이 적고 있다. '아직 깊은 밤에 채식주의에 관한 책 서문, 즉 절제에 대해 생각하고 있다. 아침 내내 쓴 것이 나쁘지 않았다.' 1891년 6월 30일에 초고 교정이 끝났고 그 후 7월 13일까지 똘스또이는 수정과 보충을 반복했다. 7월 13일자 일기에 그는 '과식에 관한 글을 썼음'을 언급한다. 1891년 7월 20일(확인 불분명-역주)에 똘스또이는 체르뜨꼬프에게 '모두 완성했다. 상당히 많은 분량이다.'라면서 하워드 윌리엄스의 『다이어트의 윤리』 서문을 완성했음을 알린다.

그 다음 이 글에 대한 세부 작업은 일시 중단되었고 8월 중순 이후에야 재개되었다. 1891년 8월 27일 똘스또이는 '이틀 동안 과식에 관한 글을 수정했다. 제법 잘됐다. 하지만 아직 더 수정해야 한다.'고 일기에 적는다. 글은 8월 말에 완전히 작업이 종료되었다. 그리고 야스나야 뽈랴나를 떠나는 P. 비류꼬프에게 건네져 8월 31일에 『수집가』지誌 선집 출판을 위해 보로네쉬주州에 있던 체르뜨꼬프에게 전달되었다. 『수집가』지誌는 인텔리 계층의 독자를 위해 체르뜨꼬프가 『중재자』지誌의 새로운 시리즈 출간용으로 구상하던 것이었다.

똘스또이의 「첫걸음」은 글의 내용 구성을 볼 때 절제된 생활을 주문하는 전반부와 음식 및 육식의 폐해를 다루고 있

작품 해설 141

는 후반부로 나눠볼 수 있다. 똘스또이 특유의 절대적인 신념이 묻어 나오고 있는 전반부에서 특히 그의 엄격하고 단호한 어조는 오늘날의 현대인들에게 모종의 반감을 불러일으킬 수도 있다. 그러나 똘스또이는 현실과 유리된 채 까다롭고 이해하기 어려운 학문적 이론을 되뇌이고 있는 것이 아니며, 그가 말하는 모든 것이 실생활과 관련된 음식이나 생활 태도 등을 중심으로 서서히 전개되고 있음을 주목할 필요가 있다. 똘스또이는 가난한 사람이나 부유한 사람이나 지위 고하를 막론하고 누구나 다 자신의 삶 속에서 실천할 수 있는 문제에 대해 말하고 있는 것이다. 실제로 똘스또이는 자신의 주장을 몸소 실행에 옮긴 사람이었다. 여기에서 일개 작가라는 틀 너머 자신의 신념을 직접 실천하는 한 사상가로 발돋움하는 그의 진면목을 확인할 수 있다.

똘스또이처럼 가축에 대한 도살을 전제로 하는 육식에 대해 비판적인 시각을 견지한 저명한 채식주의자들 중 한 명으로 헬렌 니어링Helen Nearing(1904-1995)을 들 수 있다. 우리에게 『소박한 밥상』이라는 책의 저자로 잘 알려진 헬렌 니어링은 자신의 저서에서 육식 섭취 이전에 도살에 주목하면서 똘스또이의 「첫걸음」을 인용하는데, 그녀 역시 생명체에 대한 연민과 자비심을 저버리고 잔인한 폭력을 행사하는 인간을 이해할 수 없음을 분명히 한다. 헬렌 니어링은 단순히 채식 생활을 실천하는 것에 그치지 않고, 생명을 가진 모든 자연과 함께 하나되는 조화로운 삶을 살고자 인위적인 먹거리는 배제한 채 스스로 경작하고, 검소한 생활을 몸소 실천했다. 똘스또이처럼 자신의 신념을 말이 아닌 실제 행동으로 보여준 소신 있는 선구자였던 셈이다.

한편, 똘스또이의 「첫걸음」에서 느껴지는 인상은 무엇보다도 단호함이다. 그의 글에서 어중간한 태도나 애매모호함은 찾아볼 수 없다. 똘스또이가 제시하고 있는 길만이 올바른 길이고 우리가 나아가야 할 길이며, 그 밖의 길은 그르다 못해 사악한 것으로 간주되는 그의 글 앞에서 공감하는 이도 있을 것이고 심적으로 위축되는 이도 있을 것이며, 동의하지 않는 이도 있을 것이다.

> 그는 자고 있지만 세숫물은 벌써 뜨거운 물과 차가운 물이 각각 준비되어 있다. 가끔씩 목욕이나 면도를 위한 물도 이미 준비되어 있다. 기상한 직후 마시게 될 각성 음료인 차와 커피도 준비된다. 어제 그가 더럽힌 장화, 짧은 장화, 덧신 몇 켤레는 이미 깨끗이 소제된 상태여서 마치 유리처럼 환하게 빛이 날 정도며, 신발 위에는 미세한 먼지 하나 찾아볼 수 없다. 겨울과 여름뿐 아니라 봄, 가을, 비 오는 날, 무더운 날 등등 각종 날씨에 맞는 다양한 옷들이 전날 더럽혀졌다 해도 모두 말끔히 세

탁되어 있다. 풀을 먹여 깨끗하게 다림질된 세탁물이 준비되는데, 거기에는 각종 단추들과 칼라 및 소매 단추, 고리 매듭 등이 정확하게 달려 있다. 만약 주인이 활동적인 사람이라면 일찍, 즉 7시면 기상한다. 그래도 역시 7시라는 시각은 모든 것이 그를 위해 준비된 뒤 두세 시간이 흐른 뒤이다. (…) 다음에 그는 거의 모든 방 안에 걸려 있는 독특한 거울 앞에서 옷을 입고 머리를 빗는다. 그리고 그에게 없어서는 안될 필수품들을 챙긴다. 대부분은 안경 또는 코안경, 오페라글라스이다. 다음으로 주머니마다 코를 풀기 위한 손수건과 체인이 달린 시계를 집어 넣는다. 그가 들어가게 될 곳곳에, 거의 각 방마다 시계가 걸려 있긴 하지만 상관하지 않는다.

귀족 생활의 분에 넘치는 낭비를 지적하고 있는 위의 글을 보면서 대부분의 독자들은 똘스또이의 지적이 그리 심한 것이 아님을 점차 인식하게 된다. 「첫걸음」에서 똘스또이가 자제와 극기를 통한 절제된 생활 강조를 통해 그의 신념을 확신시킨다면, 도축 장면 묘사와 상류사회의 사치에 대한 부분을 통해서는 평소 그의 신념과 배치되는 생활을 하고 있는 귀족 계층에 대한 반감을 드높이면서 역설적으로 자신의 신념이 갖는 우월성을 확고히 한다. 여느 철학자나 정치가가 아니라 작가로서 똘스또이 특유의 세밀한 묘사가 뒷

받침되었기에 가능한 일임은 물론이다. 즉, 상류 귀족의 하루 일상과 그 귀족 한 명을 위해 일해야 하는 하인들의 온갖 노동, 우아한 귀족 부인의 육식 섭취에 대한 묘사 부분은 똘스또이가 지향하고자 했던 절제된 생활 및 검소한 식사와 너무도 대비되는 정반대의 것이었다. 똘스또이의 절대적인 신념은 이러한 상류사회의 행태를 단순히 지적하는 데서 끝나지 않는다. 그는 자신의 신념을 적극적으로 변호하는 동시에 사치와 향락을 일삼는 귀족 계층을 응징하기를 주저하지 않는다. 그 결과가 육식 섭취를 하고 있는 귀족 부인에 대한 똘스또이의 수정 부분이다.

1891년 9월 2일자 편지에 체르뜨꼬프는 원고에 약간의 수정을 가할 것을 제안했고 똘스또이는 이에 동의했다. 나중에 체르뜨꼬프가 검토용으로 보낸 글을 수정하면서 똘스또이는 체르뜨꼬프의 교정과 주석 등을 보았고 이를 받아들였다. 그런데 9월 6일 혹은 7일자 편지에서 똘스또이는 비류꼬프에게 추가분을 보내면서 이 부분을 이전에 썼던 '귀부인'에 대한 텍스트에 덧붙일 것을 지시했다. 추가 분량은 「첫걸음」 제9장의 다음 부분 직후 이어졌어야 했다: "매일 얼마나 많은 주방에서 닭과 병아리들이 대가리가 잘린 채 피투성이가 되어 우스꽝스럽고, 또 무섭게 날갯짓을 하면서 뛰어오르고 있을지 상상조차 할 수 없다." 1891년 9월 14일에 체르뜨꼬프는 비류꼬프가 제네바로 떠났기 때문에 추가 부분 내용이 담긴 편지를 받아 보지 못했음을 똘스또이에게 알렸고, '귀부인'에 대한 삽입은 다시 쓰여지게 됐다. '귀부인'에 대한 이문은 제8번 원고에 끝부분이 없이 다소 불완전한 상태로 보존되어 있다.

이문에 대해 체르뜨꼬프는 9월 30일자 편지에서 똘스또이에게 다음과 같이 밝히고 있다. 체르뜨꼬프는 "귀부인은 육식동물이나 다름없다. 그것도 단순한 육식동물이 아니라 살인을 행하도록 강요하는 교활하고 간교하며 거짓말하는 육식동물이다. 귀부인은 바로 이러한 살인으로 먹고 사는 것이다." 부분을 지적하면서 이 대목은 대다수 독자들에게 심한 모욕으로 비춰질 수 있기 때문에 해당 부분을 삭제해줄 것을 요청한다. 그렇게 해서 '귀부인'에 대한 이문은 똘스또이에 의해 근본적인 수정이 가해졌다. 똘스또이는 원고의 한쪽 여백에 체르뜨꼬프를 위해 다음과 같이 적고 있다. '추가 부분을 통해 썼던 것을 잊은 것은 이유가 있다. 대단히 혼란하고 어수선하다. 내 생각에 그렇게 끝부분을 삭제하면 그리 나쁘지는 않을 것 같다.' 체르뜨꼬프의 권고를 받아들여 수정을 했지만 최초의 원문 그대로 출판이 되었더라면 그 파장이 상당했을 것으로 추측된다.

1891년 10월 6일자 편지와 8번 원고 여백에서 똘스또이는 체르뜨꼬프에게 '채식주의에 관한 양서' 리스트를 「첫걸음」 글 주석에 게재해줄 것을 부탁한다. 하지만 그 리스트는 게재되지 않았고 체르뜨꼬프가 그것을 작성했는지도 알려지지 않고 있다.

하워드 윌리엄스의 책 『다이어트의 윤리』는 앞서 언급한 것처럼 야스나야 뽈랴나에서 번역하기 시작했으나 똘스또이의 딸들이 번역을 마치지 못한 상태에서 체르뜨꼬프에게 돌려졌다. 그 후 책은 그의 감독하에 몇몇 사람들에 의해 번역되었다.

『수집가』지誌 선집이 출판되지 않았기 때문에 하워드 윌리엄스의 책 번역은 마무리되지 못했다. 그러나『철학과 심리학의 제문제』지誌 편집장이었던 N. 그로뜨는 똘스또이에게 계속해서 글을 실어줄 것을 요청했고, 1891년 11월 25일자 체르뜨꼬프에게 보낸 편지에서 똘스또이는 그곳에 게재할 것을 제안했다.

이렇게 해서 글은 1892년 5월『철학과 심리학의 제문제』지誌 13호에 실리게 되었다. 출간된 글에 대해 체르뜨꼬프는 1892년 6월 5일 검열 문제로 인해 글이 상당 부분 축소되었기 때문에 내용을 올바르게 전할 수 없다고 똘스또이에게 쓰고 있다.

원고 조판용 식자植字에 넘겨지지 않은 마지막 보존된 원고로 보아 교회 기독교에 대한 발언, 수많은 나날들을 자신의 변덕에만 몰두하는 상류사회에 대한 발언, 우리를 위해 편안하고 사치스런 물건을 만들면서 노동과 잠 못 이루는 밤, 각종 질병으로 평생 고생하고 있는 노동자들, 이미 우리에게는 필요한 것이 아니라 방자하고 무절제한 것이지만 이러한 편안함과 사치를 소유하지 못하고 있는 노동자들, 노인, 아이, 여성들에 대한 똘스또이의 발언은 검열로 인해 삭제된 것으로 보인다.

「첫걸음」의 초판본은 인텔리 독자를 위한 하워드 윌리엄스의 『다이어트의 윤리, 혹은 인간을 위해 도축이 불필요한 음식의 도덕적 기반』이라는 책 번역본의 서문으로 『중재자』지誌에 1893년 재출간되었으며 같은 해에 『똘스또이 선집』 제9권에 포함되었다.

칼을 휘둘러 직접 도살을 행하는 이와 그 도축된 고기를 아무런 양심의 가책 없이 먹는 이들이 똘스또이의 눈엔 무자비하게 비쳤을지 모르지만 이들에 대응하는 똘스또이의 펜도 그에 못지않게 가혹하다. 외모는 더할 나위 없이 아름답고 세련됐을지 모르지만 우아하게 육식을 즐기는 귀부인을 동물로, 그것도 교활하고 간교하며 거짓말하는 동물로 묘사했던 똘스또이를 보면서 오늘날 그의 엄격한 잣대를 무사히 통과할 사람이 얼마나 될지 상상해 본다. 수정되지 않앉더라면 그대로 실릴 뻔 했던 '귀부인은 바로 이러한 살인으로 먹고 사는 것이다'라는 글귀 앞에서 마냥 자유로울 수 있는 사람은 그리 많지 않을 것이다.

처음에 똘스또이의 글을 보고 거부감을 느꼈을 많은 이들도 이처럼 똘스또이의 펜 끝에서 전해지는 세밀한 장면 묘사와 날카로운 필치를 하나 둘 접하면서 최초의 거부감이 사라지는 대신 절대적인 그의 카리스마가 점차 자리함을 느끼게 될 것이다.

본문에서 인용되었던 것으로, 지나친 과식과 사치, 신에 대한 모독으로 인해 결국 살해당한 벨사차르 왕을 다시 주목하고자 한다. 이 벨사차르 왕을 죽음에 이르게 한 모든 환경과 정반대되는 것이 바로 소식, 검소, 신에 대한 경건함이다. 소식, 검소, 신에 대한 경건함은 똘스또이가 계속해서 주장하고 있는 내용과 정확히 일치하는 부분이다. 즉, 똘스또이의 주장대로 소식, 검소, 절제를 통한 경건한 삶을 영위한다면 '죽음'과 반대되는 진정한 '삶'을 얻게 될 것이라는 결론에 도달하는 것이다.

기아로 굶주리는 이들도 물론 있지만 오히려 이제는 너무 많이 먹어 탈을 일으키는 게 현대인이고, 옛날에는 모든 것이 부족했지만 이제는 모든 것이 풍족한 나머지 무절제와 사치 속에 방종한 삶을 사는 것이 현대인이다. 의학 및 과학의 발달로 인간의 평균수명은 점차 연장되고 있다. 이와 더불어 장수에 대한 필요조건으로 꾸준히 거론되는 것 중의 하나가 바로 소식小食임은 이제 기본적인 상식이 되었다. 동서고금을 통틀어 적게 먹을 것을 충고한 현인들은 많았다. 하지만 한 걸음 더 나아가 그러한 소식은 바로 생활 속의 절제를 전제로 할 때 가능하다는 점을 역설하고 있는 이가 똘스또이다. 바로 이 절제의 중요성을 위해 똘스또이는 그리스도교를 인용하고 타종교를 언급하며 양심을 거론했던 것이다. 문제는 우리의 실천 여부이다. 따라서 그가 주장하는 절제 및 극기는 실질적인 행동을 요구한다는 점에서 일종의 실천윤리 강령이라고 볼 수 있다.

이처럼 「첫걸음」을 통해 19세기의 똘스또이가 전하고자 하는 메시지는 21세기를 살아가는 오늘날에도 현실적인 당면성을 갖는다. 그의 결연하고도 단호한 목소리가 공허하게만 들리지 않는 까닭이 거기에 있으며, 시대를 뛰어넘는 그의 명민한 통찰력에 새삼 감탄하지 않을 수 없다.

번역대본으로는 Л.Н. Толстой, Полное собрание сочинений в 90 т., Т. 29 (М., 1992: Репринтное воспроизведение издания 1928-1958 гг.)를 사용했으며 원제는 「첫걸음(Первая ступень)」이다.

Лев Николаевич Толстой

레프 니꼴라예비치 똘스또이
(1828. 9. 9 - 1910. 11. 20)

레프 니꼴라예비치 똘스또이는 1828년 모스끄바에서 남쪽으로 200km 정도 거리에 있는 야스나야 뽈랴나에서 똘스또이 백작 가문의 넷째 아들로 태어났다. 2살과 9살이 되었을 때 각각 모친과 부친을 여의었고, 이후 큰고모와 후견인의 보살핌 속에 자라났다. 16세가 되던 1844년에 까잔 대학 철학부 동양어과에 입학하였으나 사교계를 출입하며 방탕한 생활을 일삼았고 법학부로 전공을 옮겼으나 곧 중퇴하였다. 23세가 되던 1851년에 입대하여 군복무를 시작하였고 이때 처녀작인 『유년시절』을 쓰기 시작하여 1852년에는 『소년시절』을, 1855년에는 『청년시절』을 썼다. 1856년에는 크림 전쟁에 직접 참전했던 경험을 토대로 쓴 『세바스또뽈 이야기』를 발표하였다. 한편 1861년에 고향인 야스나야 뽈랴나에 농민학교를 세우는 등 농촌 계몽에 지속적인 관심을 기울였다. 34세가 되던 1862년에 소피야 안드레예브나와 결혼하였고, 슬하에 모두 13명의 자녀를 두었다. 이후 『까작 사람들』(1863), 『전쟁과 평화』(1869), 『안나 까레니나』(1877) 등의 주옥같은 작품들을 잇달아 발표하면서 대작가로서의 입지를 굳히게 되었다. 하지만 이후 사상의 전환을 맞이하였고 『교의신학 비판』(1880), 『고백록』(1882)을 발표하는 등 기존의 순수예술에서 점차 벗어나 도덕적인 신념을 강조하고 자신만의 종교를 설파하였는데, 이로 인해 1901년 러시아 정교회로부터 파문을 당하게 되었다. 노년에 접어들어서도 왕성한 집필활동을 통해 『이반 일리이치의 죽음』(1886), 『크로이체르 소나타』(1889), 『예술이란 무엇인가』(1897), 『부활』(1899) 등을 계속해서 발표했다. 사유재산을 부정함으로써 생긴 부인 소피야와의 견해 차이를 좁히지 못했던 똘스또이는 끝내 노구의 몸을 이끌고 1910년 홀로 가출하였다가 아스따뽀보 기차역에서 조용히 생을 마감했다.

옮긴이 소개

석영중

서울에서 태어나 고려대학교 노어노문학과를 졸업하고 미국 오하이오 주립대학에서 박사 학위를 받았다. 현재 고려대 노어노문학과 교수로 재직하면서 대학 및 대학원에서 〈도스또예프스끼〉, 〈러시아 문학과 종교〉, 〈러시아 문학 기행〉을 강의하면서 학생들의 열렬한 호응을 얻어 냈다. 지은 책으로는 『러시아 시의 리듬』, 『러시아 현대 시학』, 『러시아 정교』 등이 있다. 옮긴 책으로는 『우리들』, 『뿌쉬낀 문학작품집』, 『벌거벗은 해』, 『광기의 에메랄드』, 『친구와의 서신 교환선』, 『도스또예프스키, 돈을 위해 펜을 들다』, 『톨스토이, 도덕에 미치다』 등 여러 권이 있으며 『도스또예프스끼 전집』 번역에 참여했다. 2000년에 러시아 정부로부터 뿌쉬낀 메달을 받았으며 제40회 백상출판번역상을 수상했다.

김종민

서울에서 태어나 고려대학교 노어노문학과를 졸업하고 러시아 상뜨뻬쩨르부르그 국립대학에서 석사 학위를 받았다. 러시아 과학아카데미 러시아 문학 연구소에서 박사 학위를 받았고 현재 강남대학교 국제지역학부 조교수로 재직 중이다. 저서에 『러시아어 문법』(공저)이 있으며, 『사람은 무엇으로 건강하게 사는가』(공역)를 통해 국내에 소개되지 않았던 톨스토이의 에세이를 초역했다. 「벌할 수 없는 죄: 무의식의 코드를 통해 본 죄와 벌」, 「안나 카레니나에 나타난 의상의 상징」, 「카자흐스탄 국가 정체성 연구」 등의 논문이 있다.

레프 똘스또이 연보

1828년	똘스또이 백작 집안의 넷째 아들로 뚤라주 야스나야 뽈랴나에서 태어남. 아버지는 퇴역 중령, 어머니는 볼꼰스끼 공작 집안 출신. 형으로 니꼴라이, 세르게이, 드미뜨리가 있었음.
1830년(2세)	8월 7일. 어머니 마리야 니꼴라예브나, 여동생 마리야를 낳다가 죽음(40세).
1833년(5세)	맏형 니꼴라이로부터 모든 사람에게 행복을 주는 비밀이 새겨져 있다는 「푸른 지팡이」의 이야기를 들음. 「개미 형제」 놀이에 열중했던 것도 이 무렵임.
1836년(8세)	뿌쉬낀의 시 「바다에」, 「나폴레옹」을 암송하여 아버지를 감동시킴.
1837년(9세)	1월. 똘스또이 집안, 모스끄바로 이사. 6월 21일. 아버지 니꼴라이 일리이치가 뚤라의 길거리에서 졸도하여 급사. 고모인 오스뗀-사껜 부인이 남은 아이들의 후견인이 됨. 부인은 이듬해 옵찌나 수도원에 들어감.
1838년(10세)	할머니 뻴라게야 니꼴라예브나 죽음.
1841년(13세)	가을에 후견인이던 고모가 죽었으므로 레프는 세 형과 까잔에서 살고 있는 새로운 후견인 고모 뻴라게야 일리이니쉬나 유쉬꼬바에게로 이전.

1844년(16세)	9월 20일, 까잔 대학교 동양어대학 아랍·터어키어과에 입학. 사교계에 출입하며 방탕한 생활을 함.
1845년(17세)	진급시험에 떨어져 법과대학으로 전입.
1847년(19세)	3월, 임질 치료를 위하여 입원. '철학과 실천을 종합한다'는 인생 방침을 세움. 일기를 쓰기 시작. 독서는 루소, 고골, 괴테. 몽테스키외「법의 정신」과 예까쩨리나 여제의「훈령」을 비교 연구. 4월 11일, 후견인의 관리 아래 있던 양친의 유산을 형제 네 명, 누이동생 한 명 사이에서 협의 분할. 똘스또이는 야스냐야 뽈랴나 외에 네 개 마을을 상속. 4월 12일, 까잔 대학교를 중퇴. 고향인 야스냐야 뽈랴나로 돌아가서 진보적인 지주로서 새로운 농업 경영, 농노들의 계몽과 생활 개선에 노력했으나 농노제도의 사회에서 그의 이상은 실현되지 못함. 일기도 이후 3년간 중단. 뒤에『지주의 아침』가운데에서 그 시절의 일을 그렸음.
1848년(20세)	10월부터 이듬해 1월까지 모스끄바에서 방탕한 생활.
1849년(21세)	4월, 뻬쩨르부르그 대학교에서 법학사 자격 검정시험을 치러 두 과목 합격했으나 중도 포기하고 귀향. 가을, 농민의 자제를 위한 학교를 개설함.
1850년(22세)	6월 11일, '방탕하게 지낸 3년간'을 반성하기 위해 일기를 다시 쓰기 시작함.
1851년(23세)	3월,『어제 이야기』집필. 4월, 맏형 니꼴라이가 있는 까프까즈로 가 병사로서 군대에서 근무.
1852년(24세)	1월, 사관후보생 시험을 쳐 4급 포병 하사관으로 현역 편입. 3월 17일, 단편『습격』을 쓰기 시작. 5월,『유년 시절』탈고. 네끄라소프의 추천을 받아 그가 주재하는 잡지『동시대인』지에 익명으로 9

	월부터 연재, 작가로서의 첫발을 내딛게 됨. 9월, 중편 『지주의 아침』을 쓰기 시작. 11월, 『소년 시절』 집필 시작. 12월, 『습격』 탈고.
1853년(25세)	체첸인 토벌 참가. 전쟁의 부정과 죄악에 대하여 일기에서 비판. 4월, 『까작 사람들』 기고. 9월, 『득점기록원의 수기』 탈고.
1854년(26세)	1월, 소위보로 임명됨. 3월, 다뉴브 파견군에 종군하고, 크림 방면군으로 옮김. 『소년 시절』 발표. 『러시아 군인은 어떻게 죽는가』 탈고. 11월, 세바스또뽈 도착.
1855년(27세)	3월, 『청년 시절』 쓰기 시작. 단편 『12월의 세바스또뽈』, 『5월의 세바스또뽈』 탈고. 『삼림 벌채』 집필. 11월, 뻬쩨르부르그로 돌아가 뚜르게네프, 네끄라소프, 곤차로프, 오스뜨롭스끼, 페뜨 등 『동시대인』 동인들의 환영을 받음.
1856년(28세)	3월, 셋째 형 드미뜨리 죽음. 퇴역. 『1855년 8월의 세바스또뽈』, 『눈보라』, 『두 경기병』, 『강등병』 탈고. 7월, 발레리야 아르세니예바를 알아 3년 사귀었으나 결혼하지 못함.
1857년(29세)	1월, 『청년 시절』 발표. 유럽으로 첫 여행을 떠나 7월에 귀국. 야스나야 뽈랴나에 살며 농사를 지음. 『루체른』 탈고. 『알베르뜨』 기고.
1858년(30세)	농업 경영에 전념. 농부(農婦) 악시냐와의 관계. 『세 죽음』 탈고.
1859년(31세)	러시아문학애호가협회 회원이 됨. 농민의 아이들을 위해 야스나야 뽈랴나에 학교를 세우고 교육. 『결혼의 행복』 집필.
1860년(32세)	3월, 최초의 교육 논문 「아동교육에 관한 메모와 자료」. 7월, 외국의 교육제도를 시찰할 목적으로 서유럽 여행을 떠남. 9월, 맏형 니꼴라이가 결핵으로 죽어 몹시 슬퍼함. 중편 『뽈리꾸쉬까』 쓰기 시작.

1861년(33세)	9개월 남짓 유럽 여러 나라의 교육 시설을 시찰하고 4월에 귀국. 2월 19일 발표된 농노해방령에 대하여 부정적으로 평가. 교육 잡지『야스나야 뽈랴나』간행. 5월, 뚜르게네프와의 불화 심화. 이듬해에 걸쳐 농사 조정원으로 활동하나 농민 측에 서 지주들의 반감을 사게 되어 사임.
1862년(34세)	1월, 똘스또이의 교육 사업에 대하여 관헌이 몰래 주변 동향 조사. 5월, 바쉬끼르 초원에서 요양.「훈육과 교육」완성. 7월, 부재 중에 가택수색.「국민교육에 대하여」완성. 시의(侍醫) 베르스의 둘째 딸 소피야 안드레예브나(당시 18세)와 결혼. 10월, 내무장관, 똘스또이의 교육 잡지의 편향에 대하여 관계 기관에 경고.
1863년(35세)	1월,『야스나야 뽈랴나』휴간. 3월,『뽈리꾸쉬까』발표. 6월, 맏아들 세르게이 태어남. 9월,『전쟁과 평화』기고.
1864년(36세)	8~9월,『똘스또이 저작집』제1,2권 간행됨. 9월, 맏딸 따찌야나 태어남. 사냥하다 말에서 떨어져 오른손을 다쳐 모스끄바에서 수술.
1865년(37세)	『전쟁과 평화』처음 부분이『1805년』이란 표제로 《러시아 통보》지에 실림.
1866년(38세)	5월, 둘째 아들 일리야 태어남. 11월 10일,『1805년』제2부 속편을 발표함에 있어서 본제를『전쟁과 평화』로 결정.
1867년(39세)	가을,『전쟁과 평화』의 집필을 위해 보로지노의 옛 싸움터 시찰.『전쟁과 평화』전2권으로 출판.
1868년(40세)	5월,「전쟁과 평화에 대한 몇 마디 말」을 발표.
1869년(41세)	『전쟁과 평화』의 에필로그 완결. 3남 레프 탄생.
1871년(43세)	2월, 둘째 딸 마리야 태어남.「초등교과서」제1편 간행.

1872년(44세)   4남 뾰뜨르 탄생.

1873년(45세)   3월, 『안나 까레니나』 착수. 7월, 아내와 함께 사마라 지방으로 가 빈민 구제 사업에 힘을 기울임. 「읽고 쓰기 교육 방법에 관하여」를 『모스끄바 신문』에 실음. 11월, 『똘스또이 저작집』 전8권 출판. 전 12권의 「초등교과서」 간행. 4남 죽음. 12월, 과학아카데미 준회원이 됨.

1874년(46세)   4월, 5남 니꼴라이 탄생. 5월, 「국민교육에 대하여」 집필. 6월, 따찌야나 예르골스까야 죽음. 「새 초등교과서」 편집.

1875년(47세)   『까프까즈의 포로』, 『신神은 진실을 보나 이내 말하지 않는다』, 『뾰뜨르 1세』 씀. 1월, 『안나 까레니나』, 『러시아 통보』에 연재 시작. 2월, 5남 니꼴라이 죽음. 6월, 「새 초등교과서」 간행. 10월, 딸 조산 사망. 「러시아어 독본」 전4편 출판.

1876년(48세)   전년에 이어 아동교육에 전념. 12월, 차이꼽스끼와 알게 됨.

1877년(49세)   4월, 『안나 까레니나』 제8편 단독 출판. 11월, 6남 안드레이 탄생.

1878년(50세)   1월, 『안나 까레니나』 단행 출판. 십이월당 연구를 위해 모스끄바와 뻬쩨르부르그에 감. 4월, 뚜르게네프에게 화해 편지. 5월, 『최초의 기억』을 쓰기 시작. 8월, 뚜르게네프가 야스나야 뽈랴나를 방문. 「고백」 집필.

1879년(51세)   7월, 야스나야 뽈랴나에 민화 이야기꾼 셰골료녹 방문, 똘스또이는 그의 이야기를 토대로 『사람은 무엇으로 사는가』, 『두 노인』, 『기도』 등 민화를 씀. 10월부터 『고백』, 「교의신학의 비판」, 「요약복음서」 등 집필. 11~12월, 가르쉰과 레뺀을 알게 됨. 7남 미하일 탄생.

1880년(52세)   2월, 「교의신학 비판」 착수. 3월, 「4복음서의 합일과 번역」 착수. 가르쉰 찾아옴. 6월, 모스끄바 뿌쉬낀 상 제막식 불참. 종교 문제로 페뜨와의 사이 소원.

1881년(53세) 2월, 도스또옙스끼의 부보를 접하고 슬퍼함. 4월, 「요약복음서」완성. 7월, 『사람은 무엇으로 사는가』 탈고. 9월, 가족과 함께 모스끄바로 이주. 10월, 8남 알렉세이 탄생.

1882년(54세) 모스끄바의 민세 조사에 참가. 논문 「그렇다면 무엇을 할 것인가」 기고. 5월, 『고백』을 완성하여 『러시아 사상』에 발표. 그러나 발행이 금지됨. 7월, 돌고-하모브니끼에 집을 삼(뒤에 똘스또이 박물관이 됨). 10월, 히브리어를 배워 구약성서를 읽음. 12월, 똘스또이의 종교적 저작을 위험시하는 뽀베도노스쩨프의 검열 강화. 중편 『이반 일리이치의 죽음』 기고.

1883년(55세) 4월, 야스나야 뽈랴나 저택 화재. 5월, 아내에게 재산 관리 맡김. 7월, 파리의 잡지에 똘스또이의 「요약복음서」 실림. 10월, 체르뜨꼬프와 알음알이가 됨. 「나의 신앙은 무엇에 있는가」 집필.

1884년(56세) 1월, 화가 게, 똘스또이 초상화 그림. 「나의 신앙은 무엇에 있는가」 탈고, 당국에 압수당했으나 사고로 나돔. 2월, 공자, 노자 읽음. 3월, 『미치광이의 일기』 기고. 5월, 금연을 실행. 6월, 아내와의 불화로 가출 시도. 3녀 알렉산드라 탄생. 11월, 비류꼬프 찾아와 체르뜨꼬프와 함께 민중을 위한 출판사 '중개인'을 설립하려고 함.

1885년(57세) 1월, 『러시아 사상』지에 「그렇다면 우리는 무엇을 할 것인가」 게재로 발금. 2월, 끼쉬노프에서 똘스또이의 사상에 촉발된 최초의 병역거부자 나옴. 헨리 조지의 「진보와 빈곤」을 읽고 깊은 감명을 받아 사유재산을 부정함으로써 아내와 불화 심화. 그 결과로 모든 저작권을 아내에게 양도. 3월 이후 '중개인'을 위한 많은 민화 집필 - 『악마적인 것은 차지지만 신적인 것은 단단하다』, 『두 형제와 황금』, 『소녀들은 노인들보다 지혜롭다』, 『불을 놓아두면 끄지 못한다』,『사랑이 있는 곳에 신도 있다』,『촛불』,『두 노인』,『바보 이반의 이야기』,『사람에게는 많은 땅이 필요한가』,『까프까즈의 포로』 등. 10월,『고백』,『요약복음서』,「나의 신앙은 무엇에 있는가」를 체르뜨꼬프가 영역, 런던에서 출판됨. 11월,『홀스또메르』발표. 12월, 아내와의 불화 심화. 아내와 헤어질 결의 굳힘.

1886년(58세) 1월, 8남 알렉세이 죽음. 2월, 꼬롤렌꼬 찾아옴. 3월,『이반 일리이치의 죽음』탈고. 5월,『최초의 양조자』발표. 11월,『문명의 열매』집필.

1887년(59세) 1월, 동서고금의 성현의 가르침을 모은「일력」발행. 수백만 부 팔림. 나중에『지혜의 달력』의 기초가 됨. 희곡『어둠의 힘』간행. 3월부터 육식 금함. 4월, 로망 롤랑의 첫 편지. 레스꼬프 찾아옴. 9월, 은혼식 올림. 10월,『크로이체르 소나타』기고. 민화 발금 처분 받음. 12월,『인생에 대하여』탈고. 금주동맹 창립. 이해『빛이 있는 동안에 빛 속을 걸어라』,「국민 독본과 과학책에 관하여」, 민화『빵 한 조각을 보상한 작은 악마의 이야기』,『뉘우친 죄인』,『사람에게는 많은 땅이 필요한가』,『세 은사』,『달걀만한 씨앗』,『일꾼 예멜리안과 빈 북』,『세 아들』씀.

1888년(60세) 1월,「고골에 대하여」착수. 본다레프의『농민의 축제』에 서문을 씀. 꼬롤렌꼬 찾아옴. 2월, 담배를 끊음. 아들 일리야, 결혼식을 올림. 막내아들 바네치까 태어남. 파리에서『어둠의 힘』상연. 4월, 종무원,『인생에 대하여』발금.『최초의 양조자』상연 금지. 5월,「일력」판금.

1889년(61세) 3월, 소피야 부인의 불역으로『인생에 대하여』나옴.『문명의 열매』집필. 4월,『예술이란 무엇인가』,『크로이체르 소나타』집필. 8월『크로이체르 소나타』탈고. 11월,『악마』기고. 12월,『크로이체르 소나타』의 후기 완성.『꼬니의 이야기』착수, 뒤에『부활』이

됨. 야스나야 뽈랴나 저택에서 『문명의 열매』 상연.

1890년(62세)　1월, 연극 애호가의 노력으로 「어둠의 힘」 러시아 초연. 베를린에서도 초연. 2월, 『세르기 신부』 기고. 7월, 「신은 너희 안에 있다」 집필. 무저항주의론 집필. 10월, 「양성관계의 고찰」 발표. 『빛이 있는 동안에 빛 속을 걸어라』 영역으로 출판.

1891년(63세)　1월, 「음주 끽연론」 영국에서 초역. 저작권 포기 문제로 아내와 대립. 4월, 아내 소피야가 발행금지되었던 『크로이체르 소나타』의 공표 허가를 얻어냄. 『니꼴라이 빨낀』을 제네바에서 출판. 6월, 재산 문제로 처자와 대립, 가출을 생각함. 7월, 81년 이후 저술의 저작권 포기를 똘스또이가 신문에 공표하려고 하자 소피야 부인 철도 자살 기도. 8월, 「첫걸음」 집필. 9월, 중앙과 동남의 21개 주에서 기근이 일어나자 농민 구제를 위해 활약. 81년 이후 작품의 저작권 포기의 편지, 『러시아 통보』지와 『새 시대』지에 공표됨. 10월, 「기근의 보고」 집필.

1892년(64세)　1월, 『모스끄바 통보』지에 똘스또이의 「굶주림에 대하여」가 영역으로 실려 큰 반향을 일으켜 정부가 기근 대책에 나섬. 5월, 「첫걸음」 발표. 7월, 부인과 자식들 사이에 재산 분배로 다툼이 일어남.

1893년(65세)　1월, 『문명의 열매』로 러시아 극작가상 수상, 상금은 구제기금으로 내놓음. 8월, 「종교와 도덕」 집필. 10월, 「그리스도교와 애국심」, 「부끄러워라」, 「태형반대론」, 「노동자 대중에게」, 「헤이그 만국평화회의에 대하여」 씀.

1894년(66세)　1월, 모스끄바 심리학회의 명예회원으로 뽑힘. 헨리 조지의 「당혹한 철학자」를 읽고 토지사유제도의 악을 확인. 슬로바키아의 의사 마꼬베쯔끼와 만남. 8월, 『주인과 머슴』 집필. 11월, 「이성과 종교」 탈고. 12월, 「종교와 도덕」 완성. 「신의 고찰」 발표. 처음으로 두호보르 교도와 만남.

1895년(67세) 2월, 『주인과 머슴』 탈고. 9남 이반 죽음. 5월, 『꼬니의 이야기』 절반 이상 집필. 6월, 두호보르 교도와 친교를 맺고 있었기 때문에 4천여 교도의 병역거부 운동이 일어나자 그 지도자로 지목되어 당국의 탄압 심해짐. 8월, 체홉 찾아와 『부활』 초고 건넴. 농민 체벌에 반대한 논문 「부끄러워라」 발표.

1896년(68세) 1월, 「애국심인가 평화인가」 탈고. 6월, 병역의무 거부운동을 찬양하는 「종말이 가깝다」를 국외에서 발표. 「그리스도 가르침의 본질은 무엇에 있는가」 집필. 8월, 『하쥐 무라뜨』 착수. 10월, 두호보르 교도에게 원조 자금 보냄.

1897년(69세) 여전히 가출과 죽음을 바람. 2월, 똘스또이와 관련하여 체르뜨꼬프와 비류꼬프가 관헌의 가택수색을 받음. 이듬해에 걸쳐 『예술이란 무엇인가』 집필. 3월, 병상에 있는 모스끄바의 체홉을 방문. 『하쥐 무라뜨』, 「헨리 조지의 사상」, 「국가와의 관계」 집필. 6월, 시베리아에 유형당하는 두호보르 교도를 모스끄바 이송 감옥으로 찾아감. 8월, 스위스의 신문에 편지를 보내 병역을 거부하는 두호보르 교도의 싸움에 노벨평화상을 줄 것을 제안. 10월, 『예술이란 무엇인가』를 탈고하나 검열 허가의 가망 없음. 11월, 영어판용 서문을 씀.

1898년(70세) 뚤라와 오룔 두 주의 빈민 구제를 위해 활동. 1월, '중개인'사에서 『예술이란 무엇인가』 출판. 7월, 두호보르 교도의 해외 이주 자금을 얻기 위하여 『부활』의 탈고에 전념. 8월 28일, 똘스또이 탄생 70주년 기념 축하회 열림. 10월, 『부활』을 연재하기로 『니바』지와 협의, 결정. 『세르기 신부』 완성. 「종교와 도덕」, 「똘스또이즘에 관하여」, 「기근인가, 기근이 아닌가」, 「두 전쟁」, 「카르타고를 파괴하지 말라」, 「러시아 통보의 편집자에게 부친다」 등 집필, 탈고.

1899년(71세)	1월, 체홉의 『귀여운 여인』을 낭독하고 감동. 3월, 『니바』지에 『부활』 연재 시작. 4월, 체홉, 뒤에 릴케 찾아옴. 11월, 『부활』 탈고. 논문 「새로운 노예제도」 기고.
1900년(72세)	1월, 과학아카데미 문학부문 명예회원에 뽑힘. 고리끼 찾아옴. 5월, 희곡 『산 송장』 착수. 11월, 공자 연구. 『부활』, 세계적 반향 불러일으킴. 「애국심과 정부」, 「죽이지 말라」, 「자기완성의 의의」 씀.
1901년(73세)	2월, 『하쥐 무라뜨』 집필. 정교회에서 파문. 광범한 대중적 분노 높아짐. 6월, 파문 명령에 대한 「종무원에의 회답」 발금. 빠스떼르낙, 똘스또이를 그림. 9월, 크림반도로 요양 떠남.
1902년(74세)	1월, 고리끼 찾아옴. 체홉 찾아옴. 전제정치의 폐기, 이주와 교육과 신앙의 자유, 토지사유제의 폐지를 요구한 「니꼴라이 1세에게 부치는 편지」를 보냄. 1월 하순~2월 초순, 폐렴으로 위독 상태에 있으면서 「신앙의 자유」, 「종교란 무엇이며 그 본질은 무엇에 있는가」를 구술 필기. 검열국과 출판관리국, 똘스또이의 죽음을 상정하고 보도 규제를 언론에 통고. 뽀베도노스쩨프, 성직자에게 똘스또이가 죽으면 즉시 사람들에게 똘스또이가 죽음 직전에 정교회로 개종했다고 거짓 보고를 하도록 지시. 5월, 꼬롤렌꼬 찾아옴. 6월, 야스나야 뽈랴나로 돌아옴. 7월, 논문 「노동 대중에게 줌」 탈고. 『하쥐 무라뜨』 재검토. 8월, 문학 활동 50주년 기념 축하회 열림. 9월, 『하쥐 무라뜨』 일단 끝남. 「성직자에 대한 호소」 착수. 11월, 『지옥의 붕괴와 그 부흥』 착수.
1903년(75세)	1월, 비류꼬프의 요청으로 『회상』 집필. 연초부터 심부전과 심근경색으로 쇠약해짐. 『하쥐 무라뜨』에 대한 니꼴라이 1세의 관계 자료 조사. 8월, 단편 「무도회가 끝난 후」 탈고. 7월, 『노동과 병과 죽음』, 『아시리아 왕 아사르하돈』, 『세 가지 의문』 착수. 8월 28일,

탄생 75주년 축하회 열림. 9월, 「셰익스피어와 드라마에 대하여」 집필. 12월, 『위조지폐』, 「신의 일과 사람의 일」 집필.

1904년(76세) 러일전쟁 반대론 「반성하라」 기고. 7월, 『부활』 속편 계획. 8월, 『지혜의 달력』 편집에 전념. 형 세르게이 죽음. 11월, 「나는 누구인가」 집필. 12월, 마꼬베쯔끼, 주치의로 입주.

1905년(77세) 1월, 체홉 『귀여운 여인』 후기 집필. 2월, 『알료샤 고르쇽』, 『꼬르네이 바실리예프』 집필. 3월, 『기도』 집필. 6월, 『딸기』 집필. 5월, 「세계의 종말」 집필. 「푸른 지팡이」 집필.

1906년(78세) 2월, 『꿈을 꾸었던 일』 집필. 8월, 소피야 부인 중병. 「셰익스피어와 드라마에 대하여」를 『러시아의 말』지 제277~282호에 나누어 실음. 4월, 단편 『무엇 때문에』, 『두 길』 집필. 『유년 시절의 추억』, 『신의 일과 사람의 일』, 『뾰뜨르 헬치쯔끼』, 「파스칼」 등 발표. 9월, 비류꼬프 편 『대 똘스또이전』 제1권 간행. 노벨상 추천 소식을 듣고 사퇴의 뜻을 전함. 「신부 바실리」, 「자기를 믿어라」 집필. 『신의 일과 사람의 일』 완성.

1907년(79세) 2월, 야스나야 뽈랴나 학교를 부활. 9~10월, 새 『지혜의 달력』에 전념.

1908년(80세) 1월, 에디슨, 축음기 보냄. 6월, 「폭력의 법칙과 사랑의 법칙」 집필 계속. 7월, 사형을 반대하는 「침묵할 수 없다」 국내외에서 발표. 8월, 유언장 작성. 9월, 「어린이를 위한 그리스도의 가르침」 출판. 비류꼬프 『대 똘스또이전』 제2권. 12월, 단편 『살인자들』, 「그리스도교와 사형」 착수. 에디슨의 부탁으로 축음기에 영·불·노어로 성서 녹음. 『세상에 죄인은 없다』 착수. 이해는 똘스또이 탄생 80주년이 되어 연초부터 축전을 조직하는 발기인회가 생겼으나 정부, 종무원, 시 당국이 방해. 그러나 9월에 걸쳐 세계 각국의 단체, 개인으로부터, 심지어는 블라지보스똑 감옥의 죄수들에게서까지 축하 편지, 전보가 도착함.

1909년(81세) 탄생 80주년 기념 똘스또이 박람회, 뻬쩨르부르그에서 열림. 1월, 뚤라의 사제, 교회와 경찰의 뜻을 받고 소피야 부인을 만나 똘스또이가 죽기 전에 참회했다고 민중에게 믿게 하기 위하여 죽음이 임박했을 때에는 빨리 알리도록 약속을 강요. 2월, 대화집 「어린이의 지혜」 착수. 3월, 「의식 혁명의 필요」 착수. 「고골에 대하여」 발표. 4월, 베르쟈예프, 불가꼬프 등의 논집 「도표」에 대하여 신랄히 비판. 5월, 「혁명은 피할 수 없다」 집필 계속. 「사랑에 대하여」 착수. 7월, 「유일한 계율」 집필. 스톡홀름 세계평화회의로부터 초대장 옴. 소피야 부인과의 저작권과 재산관리권 갈등으로 출석하지 못함. 회의에서의 보고 구술. 8월, 스똘르이삔 수상에게 편지를 보내어 폭력과 사형과 사유의 정치를 통렬히 비판. 혁명 선동과 발금본 유포 혐의로 비서 구세프 체포, 추방당함. 9월, 이 문제로 주지사와 내무장관에게 항의. 「무정부주의자가 되지 않을 수 없다」 집필. 간디에게서 인도의 식민지적 노예 상태에 관한 편지 받음. 81년 이후의 저작권은 체르뜨꼬프에게 속한다는 뜻의 유언장 씀. 10월, 『성직자의 수기』 착수. 11월, 유언장 서명. 「마을의 노래」 집필. 그밖에 「고골에 대하여」, 『행인과의 대화』, 『돌』, 『큰곰자리』, 『꿈』 집필.

1910년(82세) 1월, 문집 『인생의 길』 편집, 완성. 2월, 단편 『호드인까』, 『마을에서의 사흘』 완성. 5월, 세계평화회의에서 초대. 아내, 히스테리를 일으켜 가출. 6월, 『무심결에』 씀. 7월, 숲 속에서 다시 유언장 씀. 8월, 가족 몰래 유언장을 작성한 것을 후회. 모파상의 『고독』을 『지혜의 달력』에서 읽음. 부인, 똘스또이의 장화 속에서 『나 혼자만을 위한 일기』 발견. 부인과 나란히 최후의 사진을 찍음. 꼬롤렌꼬 찾아옴. 10월 4일, 열과 두통, 식욕부진, 불면. 5일, 간장 통증. 7일, 체르뜨꼬프 최후의 방문. 부인, 히스테리 일으킴. 27일, 아내에게 이별의 편지 초고를 쓰고 마꼬베쯔끼와 마지막 승마, 16 킬로. 28일, 오전 4시, 마꼬베쯔끼와 딸 알렉산드라를 깨워 채비를 하고 마꼬베쯔끼를 데리고 가출. 옵찌나 수도원에 머뭄. 샤모르지노의 여동생한테서 머뭄. 31일, 샤모르지노에서 기차로 남쪽으로 향함. 도중 오한으로 아스따뽀보 역에서 하차. 역장의 숙사에서 누움. 11월, 자녀들 도착. 폐렴 진단. 7일(신력 20일) 오전 6시 5분 영면. 유체는 9일 이른 아침 야스나야 뽈랴나로 운구되어 고별식 뒤 「푸른 지팡이」가 묻혔다는 숲에 묻힘.

뿌쉬낀의 서재 001
첫걸음

ⓒ 석영중, 김종민

초판 인쇄 2014년 01월 27일
초판 발행 2014년 02월 03일

지은이 레프 똘스또이
옮긴이 석영중, 김종민
펴낸이 김선명

펴낸곳 뿌쉬낀하우스
책임편집 이은희
편집 김영실, 김성원
디자인 박은비
주소 서울시 중구 동호로 15길 8, 리오베빌딩 3층
전화 02)2237-9387
팩스 02)2238-9388
이메일 pushkinbook@naver.com
홈페이지 www.pushkinhouse.co.kr
출판등록 2004년 3월 1일 제 2004-0004호

ISBN 978-89-92272-54-4 04890
    978-89-92272-53-7 (세트)

Published by Pushkin House. Printed in Korea
Copyright ⓒ 2014 Pushkin House
저작권법에 의해 보호를 받는 저작물이므로 무단 전재와 무단 복제를 금합니다.

*잘못된 책은 바꿔드립니다.